Hernandes Dias Lopes
Arival Dias Casimiro

APRENDENDO A ORAR COM QUEM ORA

Um estudo das grandes orações da Bíblia

© 2015 por Hernandes Dias Lopes
& Arival Dias Casimiro

1ª edição: maio de 2015
8ª reimpressão: fevereiro de 2025

Revisão: Andréa Filatro e Raquel Fleischner
Diagramação: Catia Soderi
Capa: Maquinaria Studio
Editor: Aldo Menezes
Coordenador de produção: Mauro Terrengui
Impressão e acabamento: Imprensa da Fé

As opiniões, as interpretações e os conceitos desta obra são de responsabilidade de quem a escreveu e não refletem necessariamente o ponto de vista da Hagnos.

Todos os direitos desta edição reservados à
EDITORA HAGNOS LTDA.
Rua Geraldo Flausino Gomes, 42, conj. 41
CEP 04575-060 — São Paulo, SP
Tel.: (11) 5990-3308

E-mail: editorial@hagnos.com.br | Home page: www.hagnos.com.br
Editora associada à Associação Brasileira de Direitos Reprográficos (ABDR)

Dados Internacionais de Catalogação na Publicação (CIP)

Lopes, Hernandes Dias
 Aprendendo a orar com quem ora: um estudo das grandes orações da Bíblia/ Hernandes Dias Lopes; Arival Dias Casimiro. — São Paulo: Hagnos, 2015.

 ISBN 978-85-243-0496-5

 1. Orações: estudo e ensino 2. Deus 3. Bíblia 4. Jesus 5. Vida cristã I. Título II. Casimiro, Arival Dias.

15-0452   CDD 242.07

Índices para catálogo sistemático:
1. Orações: estudo e ensino

Angélica Ilacqua CRB-8/7057

Dedicatória

Dedicamos este livro ao exército
de intercessores anônimos que,
embora desconhecidos na terra,
são amados no céu e parceiros de Deus
na implantação do seu reino.

Sumário

Prefácio 7

CAPÍTULO 1
Aprendendo com Jesus na escola da oração 11

CAPÍTULO 2
Moisés: A presença manifesta de Deus:
a maior necessidade da igreja 23

CAPÍTULO 3
Neemias: O mundo precisa de intercessores.... 33

CAPÍTULO 4
Jonas: Oração, o desespero humano e o
livramento divino 41

CAPÍTULO 5
Jesus: Getsêmani, a batalha mais árdua
da história 59

CAPÍTULO 6
Daniel: Como conciliar os decretos de Deus
com a oração 73

CAPÍTULO 7
O altar da oração na vida da igreja 79

CAPÍTULO 8
Tiago: A eficácia da oração 89

CAPÍTULO 9
Os discípulos de Cristo: A oração e o
revestimento de poder 95

CAPÍTULO 10
Abraão: A oração importuna 103

CAPÍTULO 11
Jacó: Oração-modelo 115

CAPÍTULO 12
Ezequias: A oração que glorifica a Deus 129

CAPÍTULO 13
A oração sacerdotal de Jesus Cristo 143

Prefácio

A história, desde os tempos mais remotos, está pontilhada pelo exemplo de homens e mulheres de Deus que dedicaram sua vida à oração. Abraão cria na oração. Ele intercedeu por Sodoma e Gomorra. Moisés cria no poder da oração. Por várias vezes, como no Sinai e em Cades-Barneia, colocou-se na brecha em favor do povo, e Deus poupou a vida do povo em resposta às suas orações. Josué foi um líder de grande envergadura e esteve sempre de pé diante dos homens, porque aprendeu a estar de joelhos diante de Deus. Davi, o grande rei e poeta de Israel, é conhecido como um homem de oração. Neemias, o grande reformador da época pós-exílica, um administrador ímpar, um estrategista singular, um estadista de espírito prático e valente, nada fazia sem antes orar a Deus.

O próprio Filho de Deus viveu uma vida de intensa oração. Orou antes de tomar as grandes decisões de seu ministério. Orou na hora da tentação. Orou na hora da dor mais amarga do Getsêmani. Orou suspenso na cruz. Orou às madrugadas. Passou noites inteiras em oração. Ensinou-nos a orar sempre e nunca esmorecer. Jesus ainda continua intercedendo pelas suas ovelhas junto ao trono da graça.

Paulo, o grande apóstolo dos gentios, homem de mente peregrina e cultura invulgar, de teologia profunda e vida piedosa, foi um dos homens mais poderosos na oração. Ele não admitia vida cristã sem oração. Ele nos ensinou a orar sem cessar. Paulo orou nas sinagogas, no templo, nos lares, na praia, na prisão. Orou em liberdade e orou como prisioneiro. Orou com fervor, com lágrimas, com senso de urgência.

Os grandes homens de Deus da história, aqueles que influenciaram o mundo e realizaram grandes feitos para Deus, foram, sem exceção, homens de oração. Os pais da igreja como Policarpo, Ireneu e Agostinho foram gigantes na oração. Os pré-reformadores, como Savonarola, John Wycliffe e Jan Hus foram tochas acesas na prática da oração. Os reformadores Lutero, Calvino, John Knox gastavam horas por dia em oração. Os puritanos, que atingiram a culminância da piedade e da intelectualidade teológica, como John Owen e Richard Baxter, foram intrépidos na oração. Os avivalistas todos, como John Wesley, George Whitefield, Jonathan Edwards, Charles Finney, Dwight L. Moody, R. A. Torrey, Evan Roberts, foram exemplos de vida abundante de oração. Os grandes missionários, como William Carey, Hudson Taylor, David Brainerd, David Livingstone, Charles Studd, John Hyde, Adoniran Judson e tantos outros, foram homens poderosos na oração.

Sem oração, não há cristianismo bíblico. Sem oração, o que sobra é racionalismo cristão, é intelectualismo vazio e estéril. Você crê na oração? Você ora? Você tem prazer na oração? Tem vitória na oração? Se você crê na oração e exercita-se nela, tem ao seu lado uma nuvem de testemunhas, um exército incontável daqueles que viveram no mundo, mas não eram do mundo; uma multidão de crentes verdadeiros que triunfaram com Deus e com os homens através da oração.

A igreja cristã nasceu no berço da oração. O Pentecostes veio depois de uma reunião de oração de dez dias. A igreja primitiva perseverava em oração. A igreja enfrentava os desafios, as perseguições, as ameaças e a própria morte com oração. A igreja orava, e a terra tremia. A igreja orava, e as portas da prisão eram abertas. A igreja orava, e o evangelho avançava com poder. Os apóstolos se dedicaram à oração e à Palavra. A igreja sempre caminhou mais rápido quando caminhou de joelhos. É tempo de restaurarmos nossa vida devocional. É tempo de clamarmos ao céu por um derramamento do Espírito de súplicas!

Não basta conhecer os princípios bíblicos sobre oração; precisamos orar. Não basta ler livros sobre oração; precisamos orar. Não basta pregar sobre oração; precisamos orar. Sem oração abundante, a igreja torna-se fraca e sem poder. Sem oração, não há pregação poderosa. Sem oração, não há testemunho eficaz do evangelho. Sem oração, a igreja não cresce na graça e no conhecimento de Cristo. Quando perguntaram a Charles H. Spurgeon sobre a razão do poderoso crescimento de sua igreja em Londres, ele respondeu: "Minha igreja cresce porque ela ora por mim. Ela cresce porque ora intensamente. As nossas reuniões de oração às segundas-feiras, com o templo cheio, são as reuniões mais importantes da nossa igreja."

Hernandes Dias Lopes

Capítulo 1

Aprendendo com Jesus
na escola da oração

Hernandes Dias Lopes

Convido você a matricular-se na escola da oração. O nosso mestre por excelência é o próprio Filho de Deus. Aprendamos a orar com ele e por intermédio dele. Jesus não apenas falou de oração; ele orou. Seu exemplo é um poderoso encorajamento para a igreja. Hoje falamos muito de oração, mas oramos pouco. Temos uma profunda teologia acerca da oração, mas não oramos. Falamos com vigor sobre o poder da oração, mas as reuniões de oração estão vazias. Citamos belos exemplos de homens e mulheres que se matricularam nessa escola e triunfaram pela oração, mas continuamos fora da escola da oração.

Não há poder sem oração. Não há unção do Espírito sem oração. Não há avivamento sem oração. Nenhuma obra importante de Deus é feita sem oração. Não há poder no púlpito onde os bancos estão vazios de oração. É conhecida a expressão "Muita oração, muito poder; pouca oração, pouco poder; nenhuma oração, nenhum poder." E. M. Bounds disse, com razão, que homens mortos tiram de si sermões mortos, e sermões mortos matam. Sem oração, a pregação gera morte, e não vida. Jesus orou com profundidade e pregou com autoridade. Destacamos alguns fatos importantes acerca do ministério de oração de Jesus.

O cansaço físico não impedia Jesus de orar

Jesus levantou-se alta madrugada, depois de um dia intenso de trabalho, e foi para um lugar deserto a fim de orar. *Tendo-se levantado alta madrugada, saiu, foi para um lugar deserto e ali orava* (Marcos 1:35). Ali ele derramou o seu coração em oração ao seu Pai celeste. Jesus entendia que intimidade com o Pai devia preceder o exercício do ministério. Quando as multidões o procuraram, ávidas por sinais e milagres, Jesus se retirou para orar. Comunhão com o Pai era mais importante do que sucesso no ministério. Intimidade com o Pai era mais importante do que prestígio entre os homens. Jesus não apenas ensinou seus discípulos a orar. Ele mesmo orou intensamente.

Primeiro, Jesus orou quando foi batizado. Naquele momento, o céu se abriu, e o Espírito Santo desceu sobre ele. O evangelista Lucas registra:

> *E aconteceu que, ao ser todo o povo batizado, também o foi Jesus; e, estando ele a orar, o céu se abriu, e o Espírito Santo desceu sobre ele em forma corpórea como pomba; e ouviu-se uma voz do céu: Tu és o meu Filho amado, em ti me comprazo* (Lucas 3:21,22).

Lucas faz uma conexão entre a oração e o derramamento do Espírito. Porque Jesus orou, ele foi capacitado com o Espírito Santo para exercer seu poderoso ministério. Os céus se abriram porque ele orou. Mais tarde seus discípulos oraram, e novamente os céus se abriram no Pentecostes. Ao longo da história, muitos outros derramamentos do Espírito Santo aconteceram, trazendo renovo para a igreja e salvação para o mundo.

Segundo, Jesus se retirava para orar quando a multidão o procurava apenas atrás de milagres. Lucas escreve:

> Porém o que se dizia a seu respeito cada vez mais se divulgava, e grandes multidões afluíam para o ouvirem e serem curadas de suas enfermidades. Ele, porém, se retirava para lugares solitários e orava. Ora, aconteceu que, num daqueles dias, estava ele ensinando, e achavam-se ali assentados fariseus e mestres da lei, vindos de todas as aldeias da Galileia, da Judeia e de Jerusalém. E o poder do Senhor estava com ele para curar (Lucas 5:15-17).

Jesus estava consciente de que o ministério não pode ser realizado sem oração. Ele estava convicto de que o poder para fazer a obra lhe era concedido pela oração. Porque ele priorizava a oração, o poder do Senhor estava sobre ele para curar. Hoje, porque não oramos, temos muitas palavras e pouco poder. Pregamos apenas aos ouvidos, e não aos olhos. Falamos, mas não demonstramos. Se quisermos ver as maravilhas divinas acontecendo em nosso meio, precisamos orar. A oração abre o caminho para o extraordinário de Deus!

Terceiro, Jesus orou uma noite inteira antes de escolher os doze apóstolos. Lucas, que enfatiza a vida de oração de Jesus, registra:

> Naqueles dias, retirou-se para o monte, a fim de orar, e passou a noite orando a Deus. E, quando amanheceu, chamou a si os seus discípulos e

> escolheu doze dentre eles, aos quais deu também
> o nome de apóstolos (Lucas 6:12,13).

Por que Jesus chamou doze, e não setenta? Por que chamou os homens que escolheu, e não outros? Por que passou uma noite inteira em oração, e não apenas alguns momentos? Por que estava tão determinado a buscar a orientação do Pai para fazer essa escolha? Jesus nos ensina a sermos mais dependentes de Deus na escolha da liderança da igreja. Muitas vezes, vemos líderes manipulando as pessoas, fazendo política eclesiástica de bastidor para escolher sua liderança e depois, ainda, têm coragem de orar e pedir a direção de Deus. A liderança da igreja precisa ser escolhida conforme a orientação do céu, e não conforme os ditames da terra.

Quarto, Jesus orou antes de fazer uma importante pergunta aos discípulos:

> Estando ele orando à parte, achavam-se presentes os discípulos, a quem perguntou: Quem dizem as multidões que sou eu? Responderam eles: João Batista, mas outros, Elias; e ainda outros dizem que ressurgiu um dos antigos profetas. Mas vós, perguntou ele, quem dizeis que eu sou? Então, falou Pedro e disse: És o Cristo de Deus (Lucas 9:18-20).

Por que Jesus estava orando quando faz essa pergunta aos discípulos? Estava orando porque sem oração as pessoas não têm discernimento espiritual para entender quem é o Cristo de Deus. A pregação precisa vir acompanhada de oração, pois, se Deus não abrir os olhos dos pecadores, eles jamais poderão reconhecer que Jesus é o Cristo. Quando a pregação vem acompanhada de oração, no poder do Espírito Santo, Deus tira as vendas dos olhos e o tampão dos ouvidos, e os corações são convertidos.

Quinto, Jesus orou no monte da transfiguração antes de subir a Jerusalém para ser preso, condenado e morto na cruz. Leiamos o registro de Lucas:

> Cerca de oito dias depois de proferidas estas palavras, tomando consigo a Pedro, João e Tiago, subiu ao monte com o propósito de orar. E aconteceu que, enquanto ele orava, a aparência do seu rosto se transfigurou e suas vestes resplandeceram de brancura (Lucas 9:28,29).

Porque Jesus orou, seu rosto e suas vestes foram vazados pela glória de Deus. Porque Jesus orou, o Pai o exaltou (Lucas 9:35). Porque Jesus orou, o Pai o consolou antecipadamente para enfrentar a cruz. Porque Jesus orou, o Pai o defendeu, dizendo que ele não era apenas um grande homem como Moisés e Elias, mas o seu Filho amado, o seu eleito!

Sexto, Jesus orou antes de ensinar a seus discípulos acerca da oração. *De uma feita, estava Jesus orando em certo lugar; quando terminou, um dos seus discípulos lhe pediu: Senhor, ensina-nos a orar como também João ensinou aos seus discípulos* (Lucas 11:1). Isso deu ocasião a Jesus para ensinar a seus discípulos a conhecida "Oração do Senhor". Essa oração é um guia orientador. Ensina-nos princípios que devem reger nossas orações. Mostra-nos que, antes de buscar o atendimento de nossas necessidades, devemos nos concentrar em Deus para glorificá-lo, para realizar sua vontade e anelar pelo seu reino. Jesus ilustra seu ensino sobre oração falando da necessidade de orarmos sem desfalecer (Lucas 11:5-8) e termina seu ensino nos incitando a orar (Lucas 11:6-13).

Sétimo, Jesus orou no túmulo de Lázaro. *Tiraram, então, a pedra. E Jesus, levantando os olhos para o céu, disse: Pai, graças te dou porque me ouviste. Aliás, eu sabia que sempre me ouves, mas assim falei por causa da multidão presente, para que creiam que tu me enviaste* (João 11:41,42).

Jesus tinha plena consciência de que a compreensão das coisas espirituais não é resultado de refinada cultura nem de aguçada percepção intelectual, mas da revelação do Pai. Ele orou diante do túmulo de Lázaro porque sabia que, com esse majestoso milagre, alguns creriam nele, mas outros se endureceriam a tal ponto que tramariam sua morte. Sem oração, até os milagres mais estupendos não poderão abrir os olhos aos cegos espirituais nem abrandar os corações.

Oitavo, Jesus orou por Pedro antes que este o negasse. *Simão, Simão, eis que Satanás vos reclamou para vos peneirar como trigo! Eu, porém, roguei por ti, para que a tua fé não desfaleça...* (Lucas 22:31,32). Por que Satanás requereu Pedro para peneirá-lo? E por que Jesus orou por Pedro? Porque Pedro era um líder! Como liderança é influência, Jesus sabia que Pedro poderia liderar o grupo às alturas da fidelidade ou arrastá-lo para as profundezas do desânimo. Satanás sempre ataca os líderes, pois, quando um líder cai, mais gente é atingida com sua queda.

Nono, Jesus orou durante a instituição da ceia. *E, tomando um pão, tendo dado graças, o partiu e lhes deu, dizendo: Isto é o meu corpo oferecido por vós; fazei isto em memória de mim* (Lucas 22:19). A oração de Jesus ao instituir a ceia é de ação de graças. Jesus instituiu a ceia não como um funeral, mas como uma festa. Não como um lamento, mas como um hino de louvor. A morte de Cristo não foi um acidente, mas um acontecimento agendado. Ele não morreu como um mártir; morreu como substituto. Morreu pelo seu povo, pela sua igreja, pelas suas ovelhas. Na sua morte, trouxe vida!

Décimo, Jesus orou no Getsêmani, na hora mais decisiva da história.

> Chegando ao lugar escolhido, Jesus lhes disse: Orai, para que não entreis em tentação. Ele, por sua vez, se afastou, cerca de um tiro de pedra, e, de joelhos, orava, dizendo: Pai, se queres, passa de mim este cálice; contudo, não se faça a minha vontade, e sim a tua. [Então, lhe apareceu um anjo do céu que o confortava. E, estando em agonia, orava mais intensamente. E aconteceu que o seu suor se tornou como gotas de sangue caindo sobre a terra.] (Lucas 22:40-44).

Diante da batalha mais renhida da história, Jesus orou. Sabendo que seus inimigos viriam fortemente armados para prendê-lo, não buscou armas carnais para se defender, mas dobrou seus joelhos para orar. Orou perseverantemente, intensamente, obedientemente, triunfantemente!

Décimo primeiro, Jesus orou na cruz. *Contudo, Jesus dizia: Pai, perdoa-lhes, porque não sabem o que fazem...* (Lucas 23:34). Jesus poderia ter fulminado seus algozes com uma só palavra. Poderia ter pedido justa vingança sobre eles. Poderia ter silenciado sua voz. Mas Jesus transforma a cruz no altar da oração e abre seus lábios para orar pelos seus algozes. E não apenas suplica ao Pai perdão para eles, mas atenua-lhes a culpa, dizendo que o haviam crucificado porque não sabiam o que estavam fazendo.

Décimo segundo, Jesus orou após sua ressurreição. *E aconteceu que, quando estavam à mesa, tomando ele o pão, abençoou-o e, tendo-o partido, lhes deu* (Lucas 24:30). Jesus se apresenta ressurreto aos seus discípulos e toma o pão e dá graças para avivar a memória deles acerca de sua identidade. Foi exatamente isso que Jesus havia feito antes de sua morte. É exatamente o que faz agora depois de sua ressurreição. O Jesus em quem eles creem é o vencedor da morte, o redentor do seu povo, o Deus Todo-poderoso!

Décimo terceiro, Jesus está orando por nós à destra do Pai. O autor aos Hebreus diz que ele vive sempre para interceder por nós (Hebreus 7:25). O apóstolo Paulo diz que ele está à direita de Deus e também intercede por nós (Romanos 8:34). E o apóstolo João diz que Jesus Cristo, o justo, é o nosso advogado junto ao Pai (1João 2:1). Se Jesus, que era santo, inculpável, puro e apartado dos pecadores, orou continuamente, quanto mais nós que somos sujeitos à fraqueza! Se ele precisou orar com alto *clamor e lágrimas* (Hebreus 5:7), quanto mais nós devemos clamar por nós, que ofendemos a Deus diariamente, de tantas formas!

A oração para Jesus era intimidade com o Pai, e não desempenho diante dos homens

Jesus buscava mais intimidade com o Pai do que popularidade (Marcos 1:35). Ele era homem do povo, mas não governado pela vontade do povo. Sempre que os homens o buscavam apenas como um operador de milagres, via nisso uma tentação, mais do que uma oportunidade, e refugiava-se em oração. O evangelista Marcos registra três momentos quando Jesus preferiu o refúgio da oração: Primeiro, depois do seu bem-sucedido ministério de cura em Cafarnaum, quando a multidão o procurava apenas por causa dos milagres (Marcos 1:35-37). Segundo, depois da multiplicação dos pães e peixes, quando a multidão queria fazê-lo rei (Marcos 6:46). Terceiro, no Getsêmani, antes da sua prisão, tortura e crucificação (Marcos 14:32-42).

A igreja tem perdido esse senso de intimidade com Deus. Não anelamos mais pela presença de Deus. Estamos muito ocupados para nos ocupar com Deus. Estamos muito satisfeitos para desejarmos ardentemente os tesouros do céu. Estamos acomodados demais para nos apressar a buscar o Senhor. Os crentes encontram tempo para um encontro social, mas não acham tempo para frequentarem as reuniões de oração. As pessoas estão com a agenda cheia demais para priorizarem a vida de oração. O ministério de Jesus foi muito intenso. Muitas vezes não tinha tempo para comer. Mas Jesus jamais dispensou seu tempo de oração. Jamais deixou de priorizar a oração.

Hoje nossas orações são centradas em nós mesmos: nossos desejos, nossas necessidades e nossos sonhos. Nossas orações são egoístas demais, humanistas demais, antropocêntricas demais. Temos fome de coisas, prestígio, saúde, prosperidade. Oramos por nós mesmos. Nós mesmos, e não Deus, temos sido o centro de nossas orações. Jesus orava porque tinha sede de comunhão com o Pai. Oração não é uma espécie de *drive thru,* onde fazemos nossos pedidos, somos atendidos e vamos embora, sem conhecer quem está nos atendendo. Oração é comunhão, relacionamento e intimidade com Deus.

Se quisermos aprender a orar com Jesus, precisamos compreender quão grande, quão digno de glória e honra é aquele a quem nos dirigimos em oração! Se quisermos compreender a sublimidade da oração, temos que discernir que o Pai é melhor do que suas bênçãos, a comunhão com o doador é melhor do que suas dádivas.

As igrejas evangélicas da Coreia do Sul entenderam esse princípio. Nenhuma igreja é organizada sem reunião diária de oração. Mesmo debaixo do frio rigoroso do inverno, milhares de crentes lotam os templos às madrugadas para buscarem Deus. Os pastores, em geral, não sobem ao púlpito sem passar pelo menos duas horas em oração, rogando ao Pai o poder do Espírito Santo. A falta de poder no púlpito está diretamente associada à escassez de oração. Onde os joelhos não se dobram para orar, os púlpitos ficam desprovidos de poder. Sem oração, não há unção. Lutero estava correto quando dizia que sermão sem unção endurece o coração.

Jesus dava mais valor à comunhão com o Pai do que ao sucesso diante dos homens

A multidão desejava ver Jesus novamente não para ouvir sua Palavra, mas para receber curas e ver operações de milagres. Os discípulos, quando encontraram Jesus orando no lugar deserto, disseram-lhe: [...] *Todos te buscam* (Marcos 1:37). Os discípulos certamente não discerniram a superficialidade da multidão, sua incredulidade e sua falta de apetite pela Palavra de Deus. Todo pregador é fascinado com a multidão, mas Jesus algumas vezes fugiu dela para refugiar-se na intimidade do Pai através da oração. A intimidade com Deus em oração é mais importante do que sucesso no ministério. O pregador que busca intimidade com Deus mais do que popularidade diante dos homens sabe ir ao encontro das multidões e também fugir delas. É tempo de nos matricularmos na escola da oração e aprender com Jesus a nos deleitar em Deus para realizar com eficácia sua obra.

Capítulo 2

Moisés:
A presença manifesta de Deus:
a maior necessidade da igreja

Hernandes Dias Lopes

A presença manifesta de Deus é a maior necessidade da igreja. A maior necessidade da igreja não é das bênçãos de Deus, mas do Deus das bênçãos. O Deus das bênçãos é melhor do que as bênçãos divinas. Infelizmente, por influência do humanismo idolátrico, a igreja contemporânea mudou a sua ênfase. A pregação moderna, equivocadamente, diz que o fim principal de Deus é glorificar o homem. O evangelho moderno ensina que é Deus quem está a serviço do homem, e não o homem a serviço de Deus. O foco mudou. O que se prega hoje é que não é mais Deus que é a medida e o fim de todas as coisas, mas o homem.

O homem trocou Deus pelas dádivas de Deus. As pessoas querem a salvação, e não o salvador. Querem os dons, e não o doador. Querem coisas, e não Deus.

No passado, a presença de Deus era o bem mais precioso que os fiéis buscavam. Deus apareceu a Moisés no deserto do Sinai numa sarça. A glória de Deus manifestou-se naquelas rochosas montanhas alcantiladas, e Moisés caiu com o rosto em terra. A presença de Deus revelou-se poderosa no Egito mais tarde e quebrou o poder dos deuses egípcios e o orgulho do faraó. O povo foi liberto pelo sangue do Cordeiro e protegido pela presença de Deus na coluna de fogo e na coluna de nuvem. A nuvem era o símbolo da presença de Deus. A presença de Deus dava direção de dia e proteção à noite.

Contudo, houve um dia em que a presença de Deus foi embora do arraial de Israel, pois o povo da aliança pecou contra Deus. O pecado faz separação entre o homem e Deus. A maior tragédia do pecado é que ele afasta de nós a presença de Deus. Quando o povo de Israel entrou na terra prometida, Acã pecou contra Deus e fez o que Deus havia proibido. O Senhor, então, disse a Josué que não seria mais com o povo enquanto houvesse pecado no arraial. Quando os filhos de Eli pecaram contra Deus, a arca, símbolo da presença de Deus, foi roubada, e a glória de Israel, a presença de Deus, apartou-se do povo. No tempo de Ezequiel, a glória de Deus se afastou da cidade, do templo, do monte, e o povo foi levado para o cativeiro.

A presença manifesta de Deus

A igreja necessita desesperadamente da presença de Deus. Nossa vida será vazia, nossos cultos serão sem vida, nossas músicas serão sem unção e nossas mensagens serão mortas se Deus não estiver presente. Muitas vezes, confundimos a onipresença de Deus com a presença manifesta de Deus. Deus está em toda parte, mas Deus não está em toda parte com a sua presença manifesta. Quando Deus está entre o seu povo, isso é notório, como quando Jacó acordou em Betel, tremendo, e disse: [...] *Quão temível é este lugar! É a Casa de Deus, a porta dos céus* (Gênesis 28:17).

Muitas vezes, nós falamos para as pessoas que Deus está entre nós. Elas vêm, mas não veem Deus. Elas, então, chegam à conclusão de que fazemos propaganda enganosa. Dizemos que tem pão na casa do pão, mas só temos fornos frios, prateleiras vazias e receita de pão.

Mais do que conforto e saúde, precisamos da presença de Deus. Mais do que prosperidade e riqueza, precisamos da presença de Deus. Mais do que sucesso e influência, precisamos da presença de Deus. Só a presença de Deus nos satisfaz plenamente. Só a presença de Deus em nosso meio pode impactar o mundo.

O pecado, a causa do afastamento de Deus

Convido você a examinar comigo o texto de Êxodo 32 e 33. Martyn Lloyd-Jones, em seu livro *Avivamento*, nos ajudará a entender esse assunto vital para a igreja, a necessidade da presença de Deus. De início, queremos destacar duas coisas:

1. ***A impaciência, a porta de entrada do pecado.***
Arão fez um bezerro de ouro, e o povo passou a adorar esse ídolo. Eis o relato da Escritura:

> Disse-lhes Arão: Tirai as argolas de ouro das orelhas de vossas mulheres, vossos filhos e vossas filhas e trazei-mas. Então, todo o povo tirou das orelhas as argolas e as trouxe a Arão. Este, recebendo-as das suas mãos, trabalhou o ouro com buril e fez dele um bezerro fundido. Então, disseram: São estes, ó Israel, os teus deuses, que te tiraram da terra do Egito (Êxodo 32:2-4).

O povo entregou-se à prática ostensiva de pecado, bebedeira, danças e orgias. Rebelou-se contra Deus. Abandonou a Deus e depressa se desviou do seu caminho. Por ter abandonado a Deus e se curvado diante de um ídolo, imediatamente sucumbiu na decadência moral. Arão cedeu à pressão do povo para se desviar (Êxodo 32:22,23) e depois usou uma racionalização descabida: *Então, eu lhes disse: quem tem ouro, tire-o. Deram-mo; e eu o lancei no fogo, e saiu este bezerro* (Êxodo 32:24).

2. **O pecado provocou a ira de Deus contra seu povo.** Moisés disse: [...] *Quem é do S*ENHOR *venha até a mim* [...] (Êxodo 32:26). Há os que andam com Deus e os que andam segundo o próprio coração. Deus intentou destruir o seu povo e começar uma nova nação. Mas Moisés intercedeu pelo povo, e Deus o poupou. Mas Deus disse: [...] *Eu não subirei no meio de ti, porque és povo de dura cerviz* [...] (Êxodo 33:3). Esta é a maior tragédia que pode acontecer ao povo de Deus: o Senhor se afastar dele. Se Deus é por nós, quem será contra nós? Mas e se Deus não for conosco? E se Deus for contra nós?

Deus disse que iria se retirar e se retirou. A nuvem desapareceu. A coluna de fogo sumiu. Os sinais visíveis da presença de Deus desapareceram. A igreja hoje está fraca, e seus membros caindo nos mesmos pecados do mundo, porque não vivem na presença de Deus. Há muitos que amam o mundo em vez de se deleitarem na sublimidade do conhecimento de Cristo. Têm prazer nos banquetes do mundo em vez de fome de Deus. Conhecem a respeito de Deus, mas não conhecem Deus na sua intimidade.

Por que Deus se afasta?

Deus é luz, e o pecado é treva. Assim como não há comunhão entre luz e trevas, também não há comunhão entre Deus e o pecado. O pecado é o maior de todos os males, pois nos priva da maior de todas as bênçãos, a presença de Deus. Martyn Lloyd-Jones, expondo esse texto, destaca três fatos:

Os filhos de Israel reconheceram seu pecado e se arrependeram. Diz o texto: *Ouvindo o povo estas más notícias, pôs-se a prantear, e nenhum deles vestiu seus atavios* (Êxodo 33:4). Eles odiaram o que tinham feito. Desprezaram-se por isso. Compreenderam que haviam trazido tragédias sobre sua cabeça. Compreenderam a gravidade do seu pecado diante de Deus. O pecado traz vergonha e opróbrio sobre nós. O pecado ofende a santidade de Deus e provoca sua ira. Quando o povo redimido de Deus se rebela e peca contra Deus, isso é uma calamidade. Hoje temos uma visão superficial da malignidade do pecado. Nossa geração está se acostumando com o pecado. Não sentimos saudade de Deus. Não sentimos fome de Deus. Não notamos que a glória de Deus se apartou de nós nem sentimos falta da presença de Deus entre nós. Que condição lamentável é a nossa!

Precisamos ter consciência de que é por causa do pecado que Deus está se retirando do meio do seu povo. O Deus que fizera milagres tremendos, arrancando-os com mão poderosa do Egito, triunfando sobre seus deuses, sobre o faraó e seus cavaleiros e abrindo o mar Vermelho, não estava mais com eles. Isso os encheu de desalento. Isso os alarmou e os levou a prantear (Êxodo 33:4). Não há nada mais sério do que estar sem a presença de Deus. As bênçãos de Deus sem o Deus das bênçãos não têm valor. Canaã sem Deus não tem valor. A terra que mana leite e mel sem Deus não tem valor. A posse da terra sem Deus não tem valor. A comunhão com Deus é a própria essência da vida eterna (João 17:3). A igreja pode ter prosperidade, dinheiro e influência na sociedade, mas Deus está presente? Sua glória está entre nós? Canaã não nos interessa sem Deus. O que precisamos mais do que a água para matar a nossa sede é da presença de Deus. Deveríamos clamar como o salmista: *A minha alma tem sede de Deus, do Deus vivo*[...] (Salmos 42:2).

Se queremos a presença de Deus em nossa igreja, precisamos ter coragem para romper com tudo que nos afasta de Deus. Êxodo 33:5 diz: [...] *tira, pois, de ti os atavios, para que eu saiba o que te hei de fazer*. Foram esses adornos que os havia levado à queda. A simples lembrança era odiosa. Deus disse: "Despojem-se deles", e eles o fizeram. Se queremos a presença de Deus, precisamos nos despojar de coisas que ofendem a santidade de Deus. Jacó disse à sua família antes de subir para Betel por ordem divina: *Lançai fora os deuses estranhos que há no vosso meio, purificai-vos e mudai as vossas vestes* (Gênesis 35:2). Deus disse a Josué: tire as coisas contaminadas do arraial. Elias removeu o deus Baal, que se interpunha entre o povo e as torrentes do céu. Precisamos chorar pelo pecado e abandoná-lo com toda a urgência.

A presença de Deus é insubstituível

Não há nada mais perigoso do que continuar a caminhada da vida sem a presença de Deus. Não há nada mais enganoso do que substituir a presença de Deus por artifícios jeitosamente fabricados no laboratório da religião. A presença do anjo e a garantia da vitória não foram suficientes para Moisés. Ele queria Deus!

Deus prometeu ao povo enviar o seu Anjo. O texto diz: *Enviarei o anjo adiante de ti* [...] (Êxodo 33:2). É uma coisa maravilhosa ter o anjo do Senhor acampado ao nosso redor. Os anjos são ministros de Deus a nosso favor (Hebreus 1:14). Mas Moisés queria Deus, e não apenas o anjo de Deus. Não há substitutos para a presença de Deus no meio da igreja.

Deus prometeu a eles vitória sobre seus inimigos. Diz o texto: [...] *lançarei fora os cananeus, os amorreus, os heteus, os ferezeus, os heveus e os jebuseus* (Êxodo 33:2). Deus prometeu a eles desalojar os povos da terra. Eles teriam vitória contra os seus inimigos, mas não comunhão com Deus. E Moisés não queria apenas vitória; ele queria Deus. Ele não queria apenas bênçãos; ele queria o abençoador. Canaã, sem Deus, é terra estranha. Nada substitui Deus em nossa vida.

Como ter de volta a presença de Deus?

Martyn Lloyd-Jones, em seu livro *Avivamento* nos ajuda mais uma vez a entender esse ponto, quando destaca quatro atitudes decisivas de Moisés:

> *Moisés sente o fardo e retira-se para orar.* Diz o texto: Ora, Moisés costumava tomar a tenda e armá-la para si, fora, bem longe do arraial; e lhe chamava a tenda da congregação... (Êxodo 33:7).

A restauração da igreja começa quando os líderes sentem sobre si o fardo da oração. A restauração da igreja começa quando alguém rompe o estado de letargia e começa a buscar a Deus em oração. Foi assim na história. Sempre que um homem ou um grupo se consagrou à oração e começou a buscar a Deus fervorosamente, houve restauração. Sem oração, a igreja não tem poder. Sem oração, os corações não se derretem. Sem oração, a glória de Deus não desce sobre o povo. O poder de Deus se manifesta através da oração. A oração nos eleva ao céu, e a oração traz Deus a terra!

Não basta apenas deixar o pecado; é preciso ansiar ardentemente pela volta da presença de Deus.

> [...] *Todo aquele que buscava ao SENHOR saía à tenda da congregação, que estava fora do arraial. Quando Moisés saía para a tenda, fora, todo o povo se erguia, cada um em pé à porta da sua tenda, e olhavam pelas costas, até entrar ele na tenda* (Êxodo 33:7,8).

Moisés estava ansioso para que a presença de Deus retornasse. Assim, ele estabeleceu um lugar de oração. Ele não pressionou. Era espontâneo (Êxodo 33:7): *Todo aquele que buscava ao SENHOR saía à tenda da congregação.* Nem todos foram à tenda da congregação. Mas houve pessoas que sentiram o mesmo fardo que Moisés sentiu e foram buscar a presença de Deus. É importante notar que eles não se contentaram em orar em suas tendas. Eles tinham um lugar específico onde se reunir em oração. Precisamos nos reunir para orar. A igreja primitiva orava nos lares e também no templo. Outros não foram à tenda para orar, mas viram os que tinham fome da presença de Deus entrando na tenda (Êxodo 33:8). Não espere que toda a igreja venha orar. Venha você e verá que todos serão impactados. Os avivamentos sempre nasceram em reuniões de oração.

Não há avivamento sem oração. A chuva cai sobre a terra seca. As torrentes do céu vêm sobre os sedentos. Aqueles que anseiam pela presença de Deus é que são visitados com sua presença manifesta!

Como Moisés orava? Moisés buscava Deus continuamente. *Ora, Moisés costumava tomar a tenda e armá--la para si* [...] (Êxodo 33:7). Moisés era um homem de oração. Ele costumava tomar a tenda e armá-la para si fora do arraial. Mesmo diante da crise espiritual do povo, ele mantinha a sua vida íntima de oração. Outrossim, Deus falava com Moisés face a face (Êxodo 33:11). Moisés tinha intimidade com Deus. Na oração, não somente Moisés falava com Deus, mas Deus também falava com Moisés. Oração não é um monólogo, mas um diálogo com Deus.

Por que Moisés orava? Diz o texto: *Agora, pois, se achei graça aos teus olhos, rogo-te que me faças saber neste momento o teu caminho, para que eu te conheça e ache graça aos teus olhos; e considera que esta nação é teu povo* (Êxodo 33:13). Moisés orava por quatro razões: Primeiro, porque ele queria conhecer Deus na intimidade (Êxodo 33:13). Esta foi a oração de Moisés: [...] *rogo-te que me faças saber neste momento o teu caminho, para que te conheça e ache graça aos teus olhos*[...] Segundo, ele queria restabelecer a honra do povo (Êxodo 33:13). Moisés afirmou: [...] *e considera que esta nação é teu povo*. Terceiro, ele queria mais de Deus para a sua vida e para o seu povo (Êxodo 33:11). [...] *e então voltava Moisés para o arraial, porém o moço Josué, seu servidor, filho de Num, não se apartava da tenda.* Finalmente, ele queria ver a glória de Deus (Êxodo 33:18): Ele disse: [...] *Rogo-te que me mostres a tua glória.*

A presença de Deus retorna sobre o seu povo

Quando Moisés se separou para buscar Deus e o povo também foi buscar a Deus, a nuvem da presença de Deus veio sobre a tenda da congregação. *Uma vez dentro Moisés da tenda, descia a coluna de nuvem e punha-se à porta da tenda; e o SENHOR falava com Moisés* (Êxodo 33:9). Quando a presença de Deus veio sobre a tenda, o povo começou a adorar a Deus nas suas tendas. *Todo o povo via a coluna de nuvem que se detinha à porta da tenda; todo o povo se levantava, e cada um, à porta da sua tenda, adorava ao SENHOR* (Êxodo 33:10). A oração muda as coisas. Deus havia dito que sua presença não iria com o povo (Êxodo 33:2,3). Mas quando o povo se arrependeu, orou e buscou a Deus, Deus disse: [...] *A minha presença irá contigo, e eu te darei descanso* (Êxodo 33:14). Quando a presença de Deus é restaurada, o povo quer mais de Deus (Êxodo 33:11). Quando a presença de Deus é restaurada, desejamos ansiosamente ver a glória de Deus. *Então, ele disse: Rogo-te que me mostres a tua glória* (Êxodo 33:18).

O sinal da presença de Deus que tinha ido embora, volta. A igreja é restaurada quando há uma manifestação da presença de Deus em seu meio. Há uma nova vitalidade. A adoração torna-se viva. As orações, fervorosas. Quando a coluna de nuvem cobre a tenda, os corações se dobram nos lares.

A glória de Deus foi manifestada em Jesus. *E o Verbo se fez carne e habitou entre nós, cheio de graça e de verdade, e vimos a sua glória, glória como do unigênito do Pai* (João 1:14). E ele prometeu: *... eis que estou convosco todos os dias até à consumação do século* (Mateus 28:20). Jesus está aqui. Ele está entre nós. Ele está em nós. Adoremo-lo com o fervor do nosso coração!

Capítulo 3

Neemias:
O mundo precisa de intercessores

Hernandes Dias Lopes

Neemias foi um dos maiores líderes da história e também um dos homens mais comprometidos com a oração. Andou com Deus e com os homens. Foi homem de Deus e homem do povo. Como consolador, Neemias viveu perto das pessoas; como intercessor, perto de Deus. Neemias era, acima de tudo, um homem de oração. Sempre foi um homem muito ocupado, mas não tão ocupado a ponto de não ter tempo para Deus. Há dez de suas orações neste livro (Neemias 1:4ss; 2:4; 4:4; 5:19; 6:9,14; 13:14,22,29,31).

Um dos truques do diabo é manter-nos tão ocupados que não encontramos tempo para orar. Se Neemias não fosse um homem de oração, o futuro de Jerusalém teria sido outro. A força da oração é maior do que qualquer combinação de esforços na terra. A oração move o céu, aciona o braço onipotente de Deus, desencadeia grandes intervenções de Deus na história. Alguém já disse com acerto: "Quando o homem trabalha, o homem trabalha; mas, quando o homem ora, Deus trabalha." Neemias começa seu ministério orando. Sua oração é uma das mais significativas registradas na Bíblia. Vemos nela os elementos da adoração, petição, confissão e intercessão.

Um intercessor é alguém que se levanta diante do trono de Deus em favor de alguém. Esse fato pode ser ilustrado como segue: Ésquilo foi condenado à morte pelos atenienses e estava para ser executado. Seu irmão Amintas, herói de guerra, perdera a mão direita na batalha de Salamina, defendendo os atenienses. Ele entrou na corte, exatamente na hora em que seu irmão estava para ser condenado e, sem dizer uma palavra, levantou o braço direito sem mão na presença de todos. Os historiadores dizem que, quando os juízes viram as marcas do seu sofrimento no campo de batalha e relembraram o que ele tinha feito por Atenas, por amor a ele, perdoaram o seu irmão.

O mundo precisa desesperadamente de intercessores. A igreja precisa urgentemente de intercessores. Mas quais são os atributos de um intercessor?

Um intercessor é alguém que sente o fardo dos outros sobre si

Um intercessor torna-se responsável diante do conhecimento de uma necessidade. O próprio Neemias testemunha acerca de sua reação ao saber que a cidade do sepulcro de seus pais estava assolada: *Tendo eu ouvido estas palavras, assentei-me, e chorei, e lamentei por alguns dias; e estive jejuando e orando perante o Deus dos céus* (Neemias 1:4). O conhecimento de um problema nos responsabiliza diante de Deus e dos homens. O conhecimento dos problemas do seu povo levou Neemias a orar a respeito do assunto.

Um intercessor sente a dor dos outros na própria pele. Um egoísta jamais será um intercessor. Só aqueles que têm compaixão podem sentir na pele a dor dos outros e levá-la ao trono da graça. Neemias chorou, lamentou, orou e jejuou durante quatro meses pela causa do seu povo. Sua oração foi persistente e fervorosa.

Cyril Barber diz que um líder sábio coloca bem alto em sua lista de prioridades o bem-estar daqueles com quem trabalha. Ele se assegura de que os problemas dos seus liderados sejam resolvidos antes de cuidar dos próprios problemas.[1] Montgomery acertadamente disse: "O início da liderança é uma luta pelos corações e pelas mentes dos homens".[2]

Um intercessor é alguém que reconhece a soberania de Deus sobre si

Um intercessor aproxima-se de Deus com um profundo senso de reverência. Neemias começa a sua intercessão adorando a Deus. Você adora a Deus por quem ele é: [...] *Ah! Senhor, Deus dos céus, Deus grande e temível*[...] (Neemias 1:5). Neemias entende que Deus é o governador do mundo. Ele focaliza sua atenção na grandeza de Deus, antes de pensar na enormidade do seu problema. Um intercessor

---

[1] BARBER, Cyril J. *Neemias e a dinâmica da liderança eficaz.* São Paulo: Vida, 1982, p. 22.
[2] MONTGOMERY, Viscount. *The Path of Leadership.* London: Collins, 1961, p. 10.

aproxima-se de Deus sabendo que ele é soberano, onipotente, diante de quem precisamos nos curvar cheios de temor e reverência.

Um intercessor aproxima-se de Deus sabendo que para ele não há impossíveis. Quanto maior Deus se torna para você, menor se torna o seu problema. Daniel disse que o povo que conhece Deus é forte e ativo (Daniel 11:32).

Um intercessor é alguém que se firma na fidelidade de Deus

Um intercessor sabe que Deus é fiel à sua aliança. Neemias expressou isso claramente em sua oração: [...] *que guardas a aliança e a misericórdia para com aqueles que te amam e guardam os teus mandamentos* (Neemias 1:5). Somos o povo de Deus. Ele firmou conosco uma aliança eterna de ser o nosso Deus, e nós, o seu povo. Ele vela por nós e prometeu estar conosco sempre. Ele prometeu nos guardar, nos conduzir em triunfo e nos receber na glória. Quando oramos, podemos nos agarrar nas promessas dessa aliança.

Um intercessor fundamenta-se não nos seus méritos, mas na fidelidade de Deus. Neemias tinha disposição para interceder, porque conhecia o caráter fiel e misericordioso de Deus. Quanto mais teologia você conhece, mais comprometido com a oração você deve ser.

Um intercessor é alguém que importuna Deus com suas súplicas

Um intercessor é alguém que não descansa nem dá descanso a Deus. Neemias foi incansável em sua importunação. Ele orou continuamente, com perseverança. Ele disse: *Estejam, pois, atentos os teus ouvidos, e os teus olhos, abertos, para acudires à oração do teu servo, que hoje faço à tua presença, dia e noite, pelos filhos de Israel, teus servos...* (Neemias 1:6). Muitas vezes, começamos a interceder por uma causa e logo a abandonamos. Neemias orou cento e vinte dias com choro, com jejum, dia e noite. Ele insistiu com Deus.

Um intercessor é alguém que se coloca na brecha em favor de alguém. Ele ora em favor do povo de Deus e se preocupa com a honra de Deus. Esse povo são os servos de Deus. É o nome de Deus que está em jogo. Ele sente esse fardo e o coloca diante de Deus em fervente oração.

Um intercessor é alguém que reconhece os seus pecados e os do povo e os confessa

Três verdades nos chamam a atenção acerca do ministério de intercessão de Neemias:

Um intercessor tem consciência das causas da derrota do povo. O pecado foi a causa do cativeiro. Deus entregou o povo nas mãos do rei da Babilônia. O pecado foi a causa da miséria dos que voltaram do cativeiro. O pecado produz fracasso, derrota, vergonha, opróbrio. A história está eivada de exemplos de homens que colheram frutos amargos como consequência de seus pecados. Acã foi apedrejado com sua família. Hofni e Fineias morreram e levaram à morte mais de trinta mil homens. Davi trouxe a espada sobre a sua casa. O pecado é uma fraude, oferece prazer e paga com a escravidão; parece gostoso ao paladar, mas mata.

Um intercessor identifica-se com os pecados do povo. Neemias orou: [...] *e faço confissão pelos pecados dos filhos de Israel, os quais temos cometido contra ti; pois eu e a casa de meu pai temos pecado* (Neemias 1:6). Neemias não ficou culpando o povo, mas identificou-se com ele. Um intercessor não é um acusador, jamais aponta o dedo para os outros; antes, levanta as mãos para o céu em fervente oração.

Um intercessor faz confissões específicas. Muitas confissões são genéricas e inespecíficas, por isso sem convicção de pecado e sem quebrantamento. Neemias foi específico: *Temos procedido de todo corruptamente contra ti, não temos guardado os mandamentos, nem os estatutos, nem os juízos que ordenaste a Moisés, teu servo* (Neemias 1:7). Para que a oração tenha efeito, precisa ser acompanhada de confissão. *Quem confessa seus pecados e os deixa alcança misericórdia* (Provérbios 28:13).

Um intercessor é alguém que se estriba nas promessas da Palavra de Deus

A Palavra de Deus e a oração andam de mãos dadas. Um intercessor precisa conhecer a Palavra. É o combustível da Palavra que alimenta o ministério da intercessão. Quatro verdades devem ser destacadas aqui:

Um intercessor sabe que Deus tem zelo pela sua Palavra em a cumprir (Neemias 1:8). Neemias começou sua oração dizendo a Deus: "Lembra-te". A memória de Deus é infalível, pois ele é onisciente, mas Deus ama ser lembrado de suas promessas. Quem ora com base na Palavra, ora segundo a vontade de Deus. As maiores orações da Bíblia foram fundamentadas nas promessas da Palavra de Deus. A oração eficaz é aquela que se baseia nas promessas de Deus. R. C. Trench diz que "a oração não é vencer a relutância de Deus; é apropriar-se de sua mais alta disposição".

Um intercessor compreende que a disciplina de Deus vem sobre a desobediência (Neemias 1:8b). Deus prometeu bênçãos e alertou acerca da maldição causada pela desobediência. O povo de Israel desobedeceu e sofreu nas mãos de seus inimigos. A dispersão e o cativeiro foram juízos de Deus contra o seu povo, por causa do pecado. O pecado sempre atrai juízo, derrota, dispersão.

Um intercessor compreende que o arrependimento sempre redunda em restauração (Neemias 1:9). Deus é compassivo. Ele é o Deus de toda a graça, aquele que restaura o caído e não rejeita o coração quebrantado. Neemias sabe que, se o povo se arrepender, virá um tempo novo de restauração e refrigério. Essa é a confiança do intercessor, o conhecimento do caráter misericordioso de Deus.

Um intercessor compreende que os pecados do povo de Deus não anulam a aliança de Deus com ele (Neemias 1:10). Neemias ora fundamentado na perseverança do amor de Deus pelo seu povo. Ainda que sejamos infiéis, Deus continua sendo fiel. Neemias fala de um lugar escolhido e de um povo escolhido. As nossas fraquezas não anulam a eleição da graça. Mesmo quando pecamos, não deixamos de ser o povo remido por Deus nem deixamos de ser servos de Deus.

Um intercessor é alguém que associa devoção e ação

Um intercessor ora e age. Neemias orou, jejuou, lamentou e chorou por cento e vinte dias. Ele colocou essa causa diante de Deus, mas também colocou a mesma causa diante do rei (Neemias 1:11). A oração não é um substituto para o trabalho. Ela é o maior trabalho. Neemias ora e toma medidas práticas: vai ao rei, informa-o sobre a condição do seu povo, faz pedido, pede cartas, verifica o problema, mobiliza o povo e triunfa sobre dificuldades e oposição.

Um intercessor compreende que o coração do rei está nas mãos de Deus. Neemias compreende que o maior rei da terra está debaixo da autoridade e do poder do rei dos reis. Neemias compreende que o mais poderoso monarca da terra era apenas um homem. Ele sabe que só Deus pode inclinar o coração do rei para atender a seu pedido. Neemias compreende que a melhor maneira de influenciar os poderosos da terra é ter a ajuda do Deus Todo-poderoso. Ele vai ao rei, confiado no rei dos reis. Ele conjuga oração com ação.

Pela oração de Neemias, um obstáculo aparentemente intransponível foi reduzido a proporções domináveis. O coração do rei se abriu, os muros foram levantados e a cidade, reconstruída. A oração abre os olhos para coisas antes não vistas. Nossas orações diárias diminuem nossas preocupações diárias.[3]

---

[3] BARBER, Cyril J. *Neemias e a dinâmica da liderança eficaz*, p. 23.

Capítulo 4

Jonas:
Oração, o desespero humano
e o livramento divino

Hernandes Dias Lopes

O profeta Jonas havia desistido de Deus, mas Deus não havia desistido de Jonas. Jonas pensou que o mar fosse sua sepultura, mas Deus preparou um grande peixe para salvá-lo. Deus montou uma operação resgate para trazer de volta o profeta ao centro da sua missão. O amor de Deus persegue implacavelmente Jonas e o encontra no fundo do mar e o traz de volta ao seu ministério.

O grande peixe que Deus preparou para engolir Jonas não foi um castigo para ele, mas o instrumento do seu livramento. T. Desmond Alexander diz que o peixe foi o meio pelo qual Jonas foi salvo da morte por afogamento.[4] J. Sidlow Baxter diz que o fato de Jonas ter sido engolido pelo "monstro marinho" não foi um ato de punição, mas de preservação.[5] Sem dúvida, Jonas esperava morrer nas águas do mar, mas, quando acordou dentro de um

---

[4] ALEXANDER, T. Desmond et al. *Obadias, Jonas, Miqueias, Naum, Habacuque e Sofonias*, 2006, p. 128.
[5] BAXTER, J. Sidlow. *Examinai as Escrituras: Ezequiel a Malaquias*. São Paulo: Vida Nova, 1995, p. 193.

peixe, percebeu que Deus, por sua graça, o havia poupado.[6] Se um navio estava a ponto de afundar, imagine, então, um homem! Suas possibilidades de sobrevivência eram nulas. Jonas é salvo pelo peixe. O peixe não estava ali por acaso. O bilhete de passagem que Jonas adquiriu dava-lhe o direito de seguir até Társis, mas o Senhor modificou a sua viagem. Ele tomaria outra direção e outra condução: um grande peixe. A nova condução de Jonas já o estava esperando, diz Isaltino Filho.[7]

A experiência vivida por Jonas acaba se tornando o maior tipo do mais esplêndido acontecimento da história, a morte e a ressurreição de Jesus Cristo (Mateus 12:40). Charles Feinberg diz que a preservação de Jonas no ventre do peixe só pode ser explicada como milagre. O próprio Senhor Jesus o chama de "sinal" (Mateus 12:39).[8]

A oração de Jonas no ventre do grande peixe é uma oração de gratidão pelo livramento muito mais do que uma súplica por livramento. J. Sidlow Baxter diz que a oração de Jonas é na verdade um salmo de louvor, um *Te Deum,* uma doxologia. A oração de Jonas não contém uma palavra sequer de petição. Ela consiste em ação de graças (Jonas 2:2-6), contrição (Jonas 2:7,8) e renovada dedicação (Jonas 2:9).[9]

---

[6] WIERSBE, Warren W. *Comentário bíblico expositivo*. Vol. 4. Santo André: Geográfica, 2006, p. 471.

[7] COELHO FILHO, Isaltino Gomes. *Jonas, nosso contemporâneo*. Rio de Janeiro: JUERP, 1992, p. 30.

[8] FEINBERG, Charles L. *Os Profetas Menores*. São Paulo: Vida, 1988, p. 136.

[9] BAXTER, J. Sidlow. *Examinai as Escrituras: Ezequiel a Malaquias*. São Paulo: Vida Nova, 1995, p. 193.

Essa oração está recheada de citações de Salmos. O profeta traz à sua memória todo acervo das Escrituras, abrindo para si mesmo os tesouros da verdade divina, enchendo, assim, sua alma de esperança. Warren Wiersbe diz que, de uma experiência de rebelião e disciplina, Jonas passa a uma experiência de arrependimento e consagração.[10]

Keil e Delitzsch dizem que a expressão "seu Deus" (Jonas 2:1) é digna de nota. Jonas não apenas orou ao Senhor, como os marinheiros pagãos oraram (Jonas 1:14), mas ele orou ao Senhor como seu Deus, de quem ele tentara escapar e a quem ele, agora, endereça sua súplica.[11]

Várias lições preciosas podem ser aprendidas com a oração de Jonas, na qual vemos o desespero humano encontrando alívio no livramento divino.

A nossa angústia pode levar-nos à presença de Deus

Os réprobos na hora da angústia se revoltam contra Deus (Apocalipse 16:8,9,20,21), mas os salvos se humilham e buscam a sua presença. O mesmo sol que endurece o barro amolece a cera. Enquanto uns se revoltam contra Deus na angústia, outros se voltam para ele em oração. É notório o que o texto diz: *Então, Jonas, do ventre do peixe, orou ao SENHOR, seu Deus* (Jonas 2:1).

---

[10] WIERSBE, Warren W. *Comentário bíblico expositivo*. Vol. 4. Santo André: Geográfica, 2006, p. 471.
[11] KEIL, C. F.; DELITZSCH, F. *Commentary on the Old Testament*. Vol. X, 1978, p. 399.

O mesmo Jonas que tentara fugir da presença de Deus sem oração, agora, encurralado pela providência divina, entrega-se a ela. Jonas não orou quando desceu a Jope. Não orou quando comprou sua passagem para Társis. Não orou quando tentou fugir para Nínive e quando se escondeu no porão do navio. Jonas não orou quando a tempestade foi atrás dele no mar Mediterrâneo. Ele não orou quando os marinheiros pagãos oraram. Ele não orou quando foi atirado ao mar, mas ao ser engolido por um grande peixe, capturado nas profundezas do abismo, sentiu necessidade de orar.

Nessa mesma linha de pensamento, Dionísio Pape diz que a desobediência sempre enfraquece a vida de oração. Muitas vezes o Senhor permite que o desviado sofra, para que clame novamente a ele em oração. Dentro do peixe, Jonas reconheceu finalmente que Deus estava manobrando todas as circunstâncias e orou.[12]

As circunstâncias adversas muitas vezes nos encurralam e nos empurram para a presença de Deus. Quando os nossos recursos acabam, quando a dor assola o nosso peito, quando nos sentimos entrincheirados por situações que não podem ser administradas, quando reconhecemos que chegamos ao fim dos nossos expedientes, então, somos compelidos a buscar a face do Eterno. Warren Wiersbe diz que a oração de Jonas nasceu da aflição, e não da afeição, pois até então Jonas considerava a vontade de Deus algo para que se voltar

---

[12] PAPE, Dionísio. *Justiça e esperança para hoje*. São Paulo: ABU, 1983, p. 59.

numa emergência, e não um parâmetro para a vida diária.¹³

J. R. Thomson diz que todo lugar é apropriado para oração.¹⁴ Desde uma igreja com belos vitrais até uma caverna escura ou o fundo do mar. Devemos orar em todo lugar: nas ruas agitadas, nos mercados lotados, nas cortes, nas universidades, nas indústrias, no campo de batalha. Jonas orou no ventre de um grande peixe. Não importa onde estamos, mas a quem oramos.

O nosso grito de angústia encontra sempre os ouvidos abertos de Deus

Jonas disse: *Na minha angústia, clamei ao Senhor, e ele me respondeu; do ventre do abismo, gritei, e tu me ouviste a voz* (Jonas 2:2). Uma das verdades mais consoladoras das Escrituras é que Deus ouve as orações. Orar não é apenas um exercício espiritual que acalma os vendavais da alma. Orar não é um sugestionamento psicológico que abranda as tensões do coração. Orar é falar com aquele que está assentado no trono. Orar é buscar socorro naquele que tem todo poder e autoridade nos céus e na terra. A oração não muda apenas os nossos sentimentos, mas também as circunstâncias.

Deus jamais rejeita um coração quebrantado. Ele não lança fora aqueles que vêm a ele. Os ouvidos

---

[13] Wiersbe, Warren W. *Comentário bíblico expositivo*. Vol. 4. Santo André: Geográfica, 2006, p. 471.
[14] Thomson, J. R. *The Pulpit Commentary on Jonah*. Vol. 14, 1978, p. 45.

de Deus estão sempre abertos à súplica dos aflitos. A Bíblia diz: *invoca-me no dia da angústia; eu te livrarei, e tu me glorificarás* (Salmos 50:15).

Os marinheiros invocaram os seus deuses e não encontraram resposta. Os ídolos não podem ouvir as orações. Na há esperança de orações respondidas no panteão dos "santos" canonizados por um decreto do papa. Os profetas de Baal clamaram, gritaram e se retalharam com facas, mas Baal não pôde ouvi-los. Porém, aqueles que clamam ao Deus vivo encontram resposta para as suas angústias. Os ouvidos de Deus não estão fechados nem sua mão encolhida. Pela oração, o povo de Deus triunfou nas batalhas. Pela oração, os inimigos foram desbaratados. Pela oração, a boca dos leões foi fechada, e o fogo cessou de devorar. Pela oração, os mártires caminharam firme e sobranceiramente para a fogueira e zombaram das ameaças. Pela oração, Jonas emergiu do abismo e encontrou abrigo nos braços do Eterno.

A disciplina de Deus é uma prova do seu amor por nós

Jonas tinha uma mente lúcida. Ele sabia que a tempestade não era apenas um fenômeno natural. Ele discerniu corretamente que Deus havia mandado a tempestade atrás dele (Jonas 1:12). Agora, ele entende que não foram os marinheiros que o lançaram ao mar, mas o próprio Deus (Jonas 1:12; 1:15; 2:3). Jonas sabe que as experiências que está vivendo não são casuais, mas providenciais. Ele vê não o castigo de Deus para o destruir, mas a disciplina divina para o restaurar.

Ouçamos o testemunho do profeta: *Pois me lançaste no profundo, no coração dos mares, e a corrente das águas me cercou; todas as tuas ondas e as tuas vagas passaram por cima de mim* (Jonas 2:3). Jonas não atribuiu sua experiência ao acaso. Ele não culpou os marinheiros por o terem lançado ao mar. Ele não atribuiu sua experiência à fúria do mar ou a uma ação maligna contra ele. Ele vê nas circunstâncias a mão providente de Deus, disciplinando-o para sua própria restauração.

A disciplina de Deus é uma prova do seu amor por nós. Deus nos lança no profundo dos mares revoltos para reconhecermos a profundidade da nossa rebeldia e para nos trazer de volta ao caminho seguro da obediência. O fato de Deus ter disciplinado Jonas é prova de que ele era um filho de Deus, pois Deus só corrige seus filhos. *Mas, se estais sem correção, de que todos se têm tornado participantes, logo, sois bastardos e não filhos* (Hebreus 12:8). O Pai nos disciplina em amor para desfrutarmos o fruto pacífico de justiça.

Warren Wiersbe, comentando sobre Hebreus 12:5-11, afirma que podemos reagir à disciplina de Deus de várias formas: podemos desprezar a disciplina de Deus e lutar contra ela (Hebreus 12:5); podemos desanimar e desfalecer (Hebreus 12:5); podemos resistir à disciplina e tornar necessária uma correção ainda maior, até mesmo a morte (Hebreus 12:9); ou podemos nos submeter ao Pai e amadurecer na fé e no amor (Hebreus 12:7). A disciplina é para o cristão aquilo que o exercício e o treinamento são para o atleta (Hebreus 12:11);

ela nos permite correr a carreira com resistência e alcançar o objetivo determinado (Hebreus 12:1,2).[15]

A maior tragédia do nosso pecado é nos afastar da presença de Deus

Jonas abre seu coração numa confissão dolorosa: *Então, eu disse: lançado estou de diante dos teus olhos; tornarei, porventura, a ver o teu santo templo?* (Jonas 2:4). Jonas tentou fugir da presença de Deus e agora lamenta por ter sido lançado da sua presença. Jonas experimentou um pouquinho daquilo que estava buscando e ficou desesperado. Não existe nada mais perigoso do que Deus nos entregar a nós mesmos e nos dar o que buscamos na loucura da nossa rebeldia. T. Desmond Alexander diz que, após tentar fugir para Társis, saindo da presença de Deus, Jonas agora se vê a caminho do Sheol, onde estará permanentemente isolado de Deus.[16]

O pedágio mais caro que o pecado cobra é dar ao homem o que ele deseja. O pecado induz o homem a afastar-se de Deus. Mas longe de Deus só existem trevas. Jonas percebeu por um momento a tragédia que é ser lançado fora da presença de Deus. Oh, que grande tragédia será para aqueles que serão banidos da face de Deus por toda a eternidade! (2Tessalonicenses 1:9).

O pecado é maligníssimo. Ele é pior do que a pobreza, do que a doença, do que a solidão e do

---

[15] WIERSBE, Warren W. *Comentário bíblico expositivo*. Vol. 4. Santo André: Geográfica, 2006, p. 471.
[16] ALEXANDER, T. Desmond et al. *Obadias, Jonas, Miqueias, Naum, Habacuque e Sofonias*, 2006, p. 131.

que a própria morte. Esses males, embora terríveis, não podem nos afastar de Deus, mas o pecado afasta o homem da presença de Deus agora e por toda a eternidade.

O pecado nos lança fora da presença de Deus. Ele impede a nossa comunhão com Deus. Não podemos viver no pecado e em comunhão com Deus ao mesmo tempo. Ou nossa comunhão com Deus nos afasta do pecado ou o pecado nos afastará da comunhão com Deus. Jonas menciona seu anseio por ver o templo novamente. Por quê? É que o templo era o lugar da comunhão com Deus! Ali Deus se manifestava. Ali a glória de Deus descia. Ali os pecadores se achegavam para fazer seus sacrifícios e receber o perdão de seus pecados.

Quando tentamos fugir da presença de Deus, ficamos encurralados pelas circunstâncias

Jonas queria fugir de Deus, mas Deus cercou Jonas por todos os lados. Jonas é um prisioneiro do mar. É impossível fugir da presença daquele que é onipresente. O salmista perguntou:

> Para onde me ausentarei do teu Espírito? Para onde fugirei da tua face? Se subo aos céus, lá estás; se faço a minha cama no mais profundo abismo, lá estás também; se tomo as asas da alvorada e me detenho nos confins dos mares, ainda lá me haverá de guiar a tua mão, e a tua destra me susterá. Se eu digo: as trevas, com efeito, me encobrirão, e a luz ao redor de mim se fará noite, até as próprias trevas não te serão escuras: as trevas e a luz são a mesma coisa (Salmos 139:7-12).

Jonas pensou que podia fugir para Társis, o fim do mundo, o lugar mais distante conhecido da época. Depois pensou que podia esconder-se no porão do navio, fazendo a viagem como um passageiro incógnito. Depois pensou que podia acabar com a saga de sua fuga sendo lançado no mar revolto. Então, se deu conta de que as águas do mar não seriam sua sepultura, mas as testemunhas da sua fuga. Deus trabalhou todas as circunstâncias para cercarem Jonas. Ouçamos seu relato: *As águas me cercaram até à alma, o abismo me rodeou; e as algas se enrolaram na minha cabeça* (Jonas 2:5). Dionísio Pape diz que as nossas circunstâncias são uma prisão para nós até que voltemos ao espírito de plena obediência.[17]

A estrada da fuga de Deus está repleta de sinais. Se não lermos essas placas, então Deus nos cercará pelas águas, pelo fogo, pelo abismo, pelas algas que se enrolarão em nossa cabeça. Deus moverá o céu e a terra para nos encurralar. Não haverá porta de escape para nós. Deus nos ama tanto que nos tornará prisioneiros das circunstâncias que gritarão em nossos ouvidos acerca do seu amor. Deus não abdica do direito que tem de nos ter para si. Podemos chegar a ponto de desistir de Deus, mas ele jamais desistirá de nós.

O caminho da desobediência sempre nos conduzirá por abismos mais profundos

A trajetória de uma pessoa que foge de Deus é uma descida vertiginosa. Não pode subir aquele que foge do Altíssimo. Quando Jonas se dispôs a fugir da presença do Senhor, começou uma longa descida

---

[17] PAPE, Dionísio. *Justiça e esperança para hoje*. São Paulo: ABU, 1983, p. 59.

em sua vida. Desceu de Gate-Hefer, sua cidade natal nas montanhas da Galileia, para Jope, às margens do mar Mediterrâneo. Desceu de Jope para o navio. Desceu do navio para o porão. Do porão desceu para o mar. Do mar desceu para o ventre do grande peixe. Jonas faz sua última escalada rumo ao abismo. Ouçamo-lo: *Desci até aos fundamentos dos montes, desci até à terra, cujos ferrolhos se correram sobre mim, para sempre...* (Jonas 2:6). Esta expressão "fundamentos dos montes" só aparece aqui em todo o Antigo Testamento. Provavelmente se refere aos sopés das montanhas, os quais se estendem até o leito do mar. Jonas tentou escapar de Deus para longe, através do mar, mas Deus o fez fazer uma viagem para as partes mais profundas do mar. Ele desceu não apenas espiritualmente, mas também geograficamente. Warren Wiersbe diz que, quando um indivíduo dá as costas para Deus, a única direção a seguir é para baixo.[18]

A estrada da fuga de Deus é uma corrida célere rumo ao abismo. O caminho que nos afasta de Deus nos levará para uma sepultura existencial e nos encerrará na prisão mais terrível, a prisão da culpa.

Quando chegamos ao fundo do poço, de lá a mão de Deus pode nos tirar

Corrie ten Boom, depois de passar privações no campo de concentração nazista, disse que não há poço tão profundo que a misericórdia de Deus não seja mais profunda ainda. Não há abismo tão grande

---

[18] WIERSBE, Warren W. *Comentário bíblico expositivo*. Vol. 4. Santo André: Geográfica. 2006, p. 472.

onde a graça de Deus não nos alcance. Quando chegamos ao fim da nossa linha, ainda lá a mão de Deus se estende para nos resgatar. Quando chegamos ao fim dos nossos recursos, os celeiros de Deus ainda continuam abertos para nós. A necessidade extrema do homem é apenas mais uma oportunidade para Deus agir.

Quando chegamos a uma situação irremediável, Deus então realiza um milagre. Vejamos o testemunho de Jonas: ... *contudo, fizeste subir da sepultura a minha vida, ó SENHOR, meu Deus!*... (Jonas 2:6).

Jonas considera sua descida ao fundo do mar como uma descida até o mundo dos mortos. Ele se via no mundo dos mortos trancado com segurança por uma porta provida de ferrolhos e barras: era impossível escapar dali. Uma vez no Sheol, Jonas ficaria aprisionado ali para sempre.[19] Deus tirou Jonas da sepultura existencial. Ele estava enterrado vivo no ventre de um grande peixe nas profundezas do mar Mediterrâneo. Suas chances de sobrevivência eram nulas. Ele nada podia fazer por si mesmo. Ele estava completamente derrotado pelas circunstâncias. Mas, quando tudo parecia perdido, Deus, o seu Deus, o arrancou das entranhas da morte, do poder da sepultura, e lhe trouxe de volta à vida! Jonas introduz um contraste extremamente importante: ... *contudo, fizeste subir da sepultura a minha vida*... Enfim, cessa a viagem descendente de Jonas, e sua descida sofre uma impressionante reviravolta.

---

[19] ALEXANDER, T. Desmond et al. *Obadias, Jonas, Miqueias, Naum, Habacuque e Sofonias*, 2006, p. 132-133.

Agora, quando Jonas já não pode ir mais fundo, o Senhor intervém e o traz para cima.[20]

Deus ainda continua realizando grandes prodígios. Ele ainda liberta o encarcerado. Ele ainda quebra os grilhões e despedaça os ferrolhos de ferro. Ele ainda levanta o caído e restaura a alma daquele que se volta para ele em contrição.

Quando chegamos ao fim dos nossos recursos, devemos nos lembrar daquilo que nos traz esperança

Nas horas de angústia, precisamos lançar mão dos arquivos da memória. Precisamos trazer à nossa lembrança o que pode nos dar esperança. Jonas se lembrou de Deus. Ele se lembrou do templo. Ele se lembrou das promessas. Ouçamos seu relato: *Quando, dentro de mim, desfalecia a minha alma, eu me lembrei do SENHOR; e subiu a ti a minha oração, no teu santo templo* (Jonas 2:7).

A Bíblia nos ensina a trazer à memória o que pode nos dar esperança. Quando o profeta Jeremias viu a cidade de Jerusalém sendo saqueada e ferida, seus jovens sendo mortos à espada e os velhos sendo pisados pelas ruas; quando o horizonte tornou-se sombrio e uma nuvem pardacenta se formou sobre sua cabeça, ele disse: *Quero trazer à memória o que me pode dar esperança* (Lamentações 3:21).

Jonas se lembrou das promessas de Deus feitas na inauguração do templo de Jerusalém:

> *Toda oração e súplica que qualquer homem ou todo o teu povo de Israel fizer, conhecendo cada*

---
[20] Ibid., p. 133.

> um a chaga do seu coração e estendendo as mãos
> para o rumo desta casa, ouve tu nos céus, lugar
> da tua habitação, perdoa, age e dá a cada um
> segundo todos os seus caminhos, já que lhe conhe-
> ces o coração, porque tu, só tu, és conhecedor do
> coração de todos os filhos dos homens; para que
> te temam todos os dias que viverem na terra que
> deste a nossos pais (1Reis 8:38-40).

Ele se lembrou das misericórdias infinitas de Deus, que é rico em perdoar aqueles que se voltam para ele em sincero arrependimento. Jonas apropriou-se dessa promessa. Pela fé, voltou os olhos para o templo de Deus e pediu ao Senhor que o livrasse. Deus cumpriu sua promessa e respondeu à sua súplica. Jonas conhecia as promessas que Deus havia feito na aliança e apropriou-se delas.[21]

J. R. Thomson diz que o templo era o lugar onde os sacrifícios eram oferecidos e aceitos; onde Deus mostrava a si mesmo gracioso para com o povo do pacto, onde seus pecados eram perdoados e o pecador penitente era recebido e aceito.[22]

Devemos saber que toda forma de idolatria é uma atitude tola e ingrata

Jonas tinha pelo menos dois ídolos em sua vida: Sua ideologia patriótica e sua elevada reputação. O primeiro ídolo de Jonas foi seu nacionalismo exacerbado. O patriotismo de Jonas tornou-se um ídolo na sua vida a ponto de ele desobedecer a uma ordem expressa de Deus. Ele estava tão preocupado com

---

[21] WIERSBE, Warren W. *Comentário bíblico expositivo*. Vol. 4. Santo André: Geográfica, 2006, p. 472.
[22] THOMSON, J. R. *The Pulpit Commentary on Jonah*. Vol. 14. 1978, p. 45.

a segurança e a prosperidade de sua nação que se recusou a ser mensageiro de Deus para os inimigos assírios. O segundo ídolo de Jonas foi sua reputação (Jonas 4:2). Quando Deus poupou Nínive, Jonas sentiu-se ferido e magoado, pois havia profetizado juízo, e não misericórdia. Com o arrependimento dos ninivitas, o castigo foi suspenso, e a misericórdia foi oferecida. Jonas estava mais preocupado com sua reputação do que com a glória de Deus e a salvação dos ninivitas.

De volta à sua lucidez espiritual, Jonas compreende a loucura e a inutilidade da desobediência a Deus. Quem se entrega à idolatria abandona a Deus, e quem se entrega a Deus abandona a idolatria. As duas coisas não podem coexistir. A idolatria é um ato de consumada tolice, por isso ela é vã. A idolatria leva o homem a confiar em algo ou alguém impotente para socorrer ou salvar. Desmond Alexander diz que aqueles que adoram ídolos descobrirão em horas de dificuldade que tais deuses são, na realidade, totalmente impotentes.[23] A idolatria é um ato de cegueira intelectual e espiritual. O idólatra torna uma pessoa embotada intelectualmente e entorpecida espiritualmente. O ídolo tem boca e não fala, tem olhos e não vê, tem pés e não anda, e mãos e não apalpa; assim são aqueles que o adoram: tornam-se obtusos e cegos. A confiança no ídolo é uma confiança vã, inútil.

Contudo, Jonas vai além e diz que se entregar à idolatria é uma ingratidão crassa ao Deus

---

[23] ALEXANDER, T. Desmond et al. *Obadias, Jonas, Miqueias, Naum, Habacuque e Sofonias*, 2006, p. 134.

misericordioso. Deus é a fonte de todo bem. Tudo que somos e temos vem das mãos dele. A vida, a saúde, o pão, a água, o ar, os bens, a família, a salvação, tudo enfim é dádiva de Deus. Atribuir essas benesses divinas a outra fonte qualquer é, além de ignorância, grande ingratidão. Dar crédito ao ídolo pelas bênçãos recebidas de Deus é uma conspiração contra a misericórdia do Senhor.

Devemos saber que só encontramos o verdadeiro sentido da vida quando nos voltamos para Deus

Jonas se volta da sua rebeldia e da sua fuga para reencontrar o verdadeiro significado da vida em Deus. Agora, ele sabe, à semelhança do filho pródigo, que a terra distante de Deus é um lugar de sombras espessas, angústias profundas e solidão esmagadora. Jonas se lembra de Deus e se volta para Deus. Ele não fica no estágio do desejo como o jovem rico; ele avança para os braços de Deus para encontrar a restauração da sua alma.

Jonas expressa sua alegria pela reconciliação com Deus de quatro formas.

A voz do agradecimento (Jonas 2:9). Gratidão, e não murmuração; ação de graças, e não lamento, é o que brota dos lábios desse profeta. Ele descobre que a vida não tem sentido longe de Deus e quer agora andar com Deus e erguer sua voz num cântico de agradecimento.

A oferta de sacrifícios (Jonas 2:9). Jonas se lembra do templo. Ele recorda como Deus aceitava os sacrifícios e perdoava os pecadores. Ele, que fora um tipo de Cristo em sua experiência no ventre do peixe, agora recorda os sacrifícios no templo, tipos do sacrifício perfeito de Cristo na cruz.

O pagamento dos votos (Jonas 2:9). Jonas não quer mais quebrar sua palavra. Ele tinha sido chamado por Deus para pregar e tinha quebrado esse voto. Agora, está pronto a fazer a vontade de Deus.

O reconhecimento da salvação divina (Jonas 2:9). Jonas compreende que "a salvação pertence ao Senhor". Essa expressão é o tema do livro. Aqui está a mais importante mensagem desse livro. A salvação pertence ao Senhor. Deus a administra como bem lhe apraz. Ele pode salvar os judeus e também os gentios. Ele pode salvar nossos aliados e também nossos inimigos. Ele pode salvar quando pregamos de bom grado e também quando pregamos a contragosto. A salvação não é um troféu que conquistamos por méritos, mas um presente imerecido que recebemos de Deus pela fé. Salvação não é o resultado do que fazemos para Deus, mas do que Deus fez para nós. Salvação não é obra humana; é graça divina.

Jonas não podia salvar a si mesmo. Ele estava condenado à morte, sepultado vivo no ventre de um grande peixe. Deus, porém, milagrosamente o salvou, tirando-o da morte para a vida. Assim, também, é a nossa salvação ainda hoje! O nosso Deus é o Deus da restauração!

O peixe, sob a orientação divina, estava de plantão para tragar Jonas (Jonas 1:17) e agora, sob as ordens do Senhor, está de prontidão para vomitá-lo (Jonas 2:10). Jonas precisou ser lançado fora do navio para o mar se acalmar. Agora, o peixe também o lança fora em terra seca porque os vendavais da sua alma foram serenados. Do navio ele foi lançado ao mar para a morte; do ventre do peixe ele foi lançado em terra para a vida.

Warren Wiersbe diz que os marinheiros trataram Jonas como se fosse uma carga perigosa que devia ser jogada fora, e agora Jonas é tratado como uma substância estranha a ser expelida do ventre do peixe.[24]

Jonas está na praia, sabendo que sua oração foi ouvida e que ele tem um compromisso com o Senhor. Ele acabara de dizer: ... *o que votei pagarei* (Jonas 2:9). Como profeta, Jonas tinha votado entregar a mensagem divina. Vai fazê-lo agora. Mas não pense que a experiência traumática o fez mudar. Ainda não. O homem é muito teimoso. Ainda poderemos nos reencontrar com ele – e nele, diz Isaltino Filho.[25]

---

[24] WIERSBE, Warren W. *Comentário bíblico expositivo*. Vol. 4. Santo André: Geográfica, 2006, p. 472-473.
[25] COELHO FILHO, Isaltino Gomes. *Jonas, nosso contemporâneo*. Rio de Janeiro: Juerp, 1992, p. 33-34.

Capítulo 5

Jesus:
Getsêmani, a batalha
mais árdua da história

Hernandes Dias Lopes

O relato da agonia do Senhor Jesus no jardim de Getsêmani é uma profunda e misteriosa passagem da Escritura. Ela contém coisas que os mais sábios expositores não puderam expor plenamente. William Hendriksen diz que ninguém nunca passou pelo que Jesus experimentou no Getsêmani. Seu sacrifício total, em completa obediência à vontade do Pai, era o único tipo de morte que poderia salvar os pecadores.[26] Falando ainda da singularidade desse sofrimento de Jesus, William Hendriksen diz que o inferno, como ele é, veio até Jesus no Getsêmani e no Gólgota, e o Senhor desceu até ele, experimentando todos os seus terrores.[27]

À guisa de introdução, destacaremos três pontos:

O local onde Jesus agonizou é indicado. O jardim de Getsêmani fica nas fraldas do monte das Oliveiras,

---

[26] HENDRIKSEN, William. Comentário do Novo Testamento – *Marcos*, São Paulo: Cultura Cristã, 2003, p. 736.
[27] Ibid., p. 536.

do outro lado do ribeiro de Cedrom, defronte do monte Sião, onde estava o glorioso templo. Getsêmani significa "prensa de azeite, lagar de azeite".[28]

Foi nesse lagar de azeite, onde as azeitonas eram esmagadas, que Jesus experimentou a mais intensa agonia. Ali ele travou uma luta de sangrento suor. Ali o eterno Deus feito carne dobrou sua fronte e, com o rosto em terra, orou com forte clamor e lágrimas. Ali o bendito Filho de Deus rendeu-se incondicionalmente à vontade do Pai para remir um povo por meio do seu sangue. Ali ele foi traspassado, esmagado e moído pelos nossos pecados. Seu corpo foi golpeado. Seu suor transformou-se em sangue. Ali ele desceu ao inferno. Enquanto o primeiro Adão perdeu o paraíso num jardim, o segundo Adão o reconquista em outro.

O contexto da agonia é descrito. O evangelista João nos informa que Jesus saiu do cenáculo para o jardim (João 18:1). Não foi uma saída de fuga, mas de enfrentamento. Ele não saiu para esconder-se, mas para preparar-se. Ele não saiu para distanciar-se da cruz, mas para caminhar em sua direção.

No cenáculo Jesus ensinou seus discípulos sobre a humildade, lavando os pés deles. No cenáculo Jesus lhes deu um novo mandamento. No cenáculo Jesus desmascarou o traidor e alertou Pedro acerca de sua negação. No cenáculo Jesus consola seus discípulos, falando-lhes acerca do envio do Espírito Santo e de sua gloriosa segunda vinda. No cenáculo

---

[28] TRENCHARD, Ernesto. *Una exposición del evangelio según Marcos*, Madrid: Centro de Formación Bíblica de Madrid 1971, p. 184.

Jesus orou por eles. Só depois desse cuidado pastoral de Jesus é que ele travou a sua mais renhida luta no jardim de Getsêmani.

O propósito da agonia é evidenciado. Jesus sabia que a hora agendada na eternidade havia chegado (Marcos 14:35). Não havia improvisação nem surpresa. Dewey Mulholland diz que a "hora" refere-se ao sofrimento de Jesus nas mãos dos pecadores (Marcos 14:41), com ênfase na sua agonia final na cruz.[29] Para esse fim ele havia vindo ao mundo. Sua morte já estava selada desde a fundação do mundo (Apocalipse 13:8). No decreto eterno, no conselho da redenção, o Pai o havia dado para morrer em lugar dos pecadores (João 3:16; Romanos 5:8; 8:32), e ele mesmo voluntariamente havia se disposto a morrer.

Vamos destacar as mensagens centrais desse drama doloroso de Jesus no Getsêmani.

A tristeza assoladora

O profeta Isaías descreveu Jesus como homem de dores e que sabe o que é padecer. Jesus teve tristeza e não foi só no Getsêmani. Ele ficou triste com a morte de Lázaro, e essa tristeza o levou a chorar. Quantas vezes você já ficou triste e chorou pela morte de um parente, de um amigo?

Contemplando a impenitente cidade de Jerusalém, assassina de profetas e rebelde, Jesus chorou com profundos soluços sobre ela. Quantas vezes

---

[29] MULHOLLAND, Dewey M. *Marcos: introdução e comentário*, São Paulo: Vida Nova, 2005, p. 216.

você também já chorou por um parente ou amigo recusar o Senhor Jesus até a morte?

Agora, entre a ramagem soturna das oliveiras, sob o manto da noite trevosa, Jesus começou a sentir-se tomado de pavor e de angústia (Marcos 14:33) e declara: [...] *A minha alma está profundamente triste até à morte*[...] (Marcos 14:34). Fritz Rienecker, citando Cranfield, diz que essa expressão de Jesus denota que ele estava dominado por um horror que o fazia tremer diante da terrível perspectiva à sua frente.[30] Egidio Gioia diz que no Getsêmani Jesus viu a nuvem da tormenta que se aproximava, célere, ao seu encontro, e, tão aterrorizantes eram os seus prenúncios que o Senhor, na sua natureza humana, sentiu profunda necessidade até da companhia e simpatia de seus queridos discípulos, a quem disse: [...] *ficai aqui e vigiai comigo* (Mateus 26:38).[31]

Destacamos dois pontos importantes aqui:

No que não consistia a essência da tristeza de Jesus. Havia toda uma orquestração das forças das trevas contra Jesus. Isso não era surpresa para ele. Ele estava plenamente consciente das implicações daquela noite fatídica. Mas sua tristeza e seu pavor não foram do medo do sofrimento, da tortura e da morte.

Por que Jesus estava triste? Era porque sabia que Judas estava se aproximando com a turba assassina? Era porque estava dolorosamente consciente

---

[30] RIENECKER, Fritz; ROGERS, Cleon. *Chave linguística do Novo Testamento grego*, São Paulo: Vida Nova, 1985, p. 96.

[31] GIOIA, Egidio. *Notas e comentários à harmonia dos Evangelhos*, Rio de Janeiro: JUERP, 1969, p. 344.

de que Pedro o negaria? Era porque sabia que o Sinédrio o condenaria? Era porque sabia que Pilatos o sentenciaria? Era porque sabia que o povo gritaria diante do pretório romano: "crucifica-o, crucifica-o"? Era porque sabia que seus inimigos cuspiriam em seu rosto e lhe dariam bofetadas? Era porque sabia que o seu povo preferiria Barrabás a ele? Era porque sabia que os soldados romanos rasgariam sua carne com açoites, feririam sua fronte com uma zombeteira coroa de espinhos e o encravariam na cruz no topo do Gólgota? Era porque sabia que seus discípulos o abandonariam na hora da sua agonia e morte? Certamente essas coisas estavam incluídas na sua tristeza, mas não era por essa razão que Jesus estava triste até a morte.

Warren Wiersbe diz claramente que não foi por causa do sofrimento físico que Jesus estava tomado de pavor e angústia, mas pela antevisão de que seria desamparado pelo Pai (15:34). Este era o cálice amargo que ele estava para beber (João 18:11) e que o levou ao forte clamor e lágrimas (Hebreus 5:7).[32]

No que consistia a profunda tristeza de Jesus. Egidio Gioia disse que a essência dessa profundíssima tristeza de Jesus estava no seu extremo horror ao pecado. Sentia que a pureza imaculada de sua alma ia ser manchada e completamente enegrecida pelo pecado, não dele, mas do mundo. Sentia a realidade da maldição da cruz. Sentia que ia ser maldito pela justíssima lei de Deus. Sentia que a espada da

---

[32] WIERSBE, Warren W. *Be Diligent*, Colorado Springs: Cook, 1987, p. 139.

justiça divina ia cair, inexorável, sobre ele, trespassando-lhe o coração.[33] William Hendriksen diz que muitas pessoas já o haviam deixado (João 6:66), e os seus discípulos o abandonariam (Marcos 14:50). Pior de tudo era que, na cruz, ele estaria clamando: [...] *Deus meu, Deus meu, por que me desamparaste?* (Marcos 15:34).[34]

A tristeza de Jesus era porque sua alma pura estava recebendo toda a carga do nosso pecado. O Getsêmani foi o prelúdio do Calvário. Ele foi a porta de entrada para a cruz. Foi no Getsêmani que Jesus travou a maior de todas as guerras. Ali o destino da humanidade foi selado. Ali ele se dispôs a cumprir plenamente o plano do Pai e humilhar-se até a morte, e morte de cruz.

Jesus ficou triste porque ali Deus escondeu o seu rosto do seu Filho. Ali ele foi feito pecado e maldição por nós. Ali Deus se afastou dele. Ali Deus o desamparou para nos amparar. Nosso pecado foi lançado sobre ele. Ele foi ferido, traspassado e moído pelas nossas iniquidades. Ali ele desceu ao inferno. Ele entristeceu-se porque sorveu o cálice da ira de Deus e sofreu a condenação que deveríamos sofrer. Entristeceu-se porque expiou nossa culpa e sozinho sofreu, sangrou e morreu.

---

[33] Gioia, Egidio. *Notas e comentários à harmonia dos Evangelhos*, 1969, p. 344.
[34] Hendriksen, William. *Marcos*, São Paulo: Cultura Cristã, 2003, p. 740.

A solidão perturbadora

No Getsêmani Jesus sofreu sozinho. Muitas coisas ele disse às multidões. Quando, porém, falou de um traidor, foi apenas para os Doze. E unicamente para três dos doze discípulos foi que ele disse: ... *A minha alma está profundamente triste até à morte*... (Marcos 14:34). Por fim, quando começou a suar sangue, já estava completamente sozinho. Os discípulos estavam dormindo. Mas ali ele ganhou a batalha.

Muitas coisas você poderá dizer a muitos. Outras há que só poderá dizer a poucos. Algumas, porém, você não vai dizer a ninguém. Então, você estará mesmo sozinho: sem um amigo que o acompanhe, ninguém que o compreenda. E o cálice de fel e amargura será todo seu.

Quando o apóstolo Paulo estava na prisão romana, na antessala do seu martírio, disse: *Na minha primeira defesa, ninguém foi a meu favor; antes, todos me abandonaram*... (2Timóteo 4:16). Mas foi nessa arena da solidão que ele contemplou a coroa e ganhou sua mais esplêndida vitória.

Quando o apóstolo João foi exilado na ilha de Patmos, o imperador Domiciano o lançou no ostracismo da solidão, mas Deus lhe abriu o céu. No vale escuro da sua solidão, ele contemplou as glórias do céu.

A oração triunfante

Essa é a terceira ocasião em que Jesus orou sozinho, à noite, em momentos críticos no seu ministério (Marcos 1:35; 6:46; 14:35). No Getsêmani Jesus orou humildemente, agonicamente, perseverantemente, triunfantemente. Ele foi um homem de oração. Adolf

Pohl diz que a cada versículo é Jesus quem vigia, quem ora e, também por isso, quem é preservado. Por causa da sua condição de testemunhas é que eles deveriam ficar com ele; de acordo com o versículo 38, no máximo orar por si mesmos.[35]

Jesus é o nosso maior exemplo de oração em tempos de angústia. Duas vezes somos informados de que, quando sua alma estava angustiada, ele orou (Marcos 14:35,39). A primeira pessoa a quem devemos nos voltar na hora da aflição é Deus. Nosso primeiro grito na hora da dor deveria sair em forma de oração. O conselho de Tiago, irmão de Jesus é: *Está alguém entre vós sofrendo? Faça oração*[...] (Tiago 5:13).[36]

Jesus não apenas orou no Getsêmani; ele também ordenou aos discípulos a orarem e apontou a vigilância e a oração como um modo de escapar da tentação (Marcos 14:38). Consideremos alguns aspectos especiais dessa oração de Jesus:

A posição com que Jesus orou. O Deus eterno, criador do universo, sustentador da vida, está de joelhos, com o rosto em terra, prostrado em humílima posição. Jesus esvaziou-se descendo do céu à terra. Agora, aquele que sempre estivera em glória com o Pai está de joelhos, prostrado, angustiado, orando com forte clamor e lágrimas.

Muitos se desesperam quando chegam os dramas da vida, quando pisam o lagar da dor. Outros

---

[35] POHL, Adolf. *Evangelho de Marcos - Comentário Esperança*. Curitiba: Esperança, 1998, p. 409.
[36] RYLE, John Charles. *Mark*, Wheaton: Crossway, 1993, p. 233.

tentam fugir. Outros, amargurados, cerram os punhos em revolta contra Deus como a mulher de Jó. Jesus caiu sobre seus joelhos e orou e na oração prevaleceu.

A atitude com que Jesus orou. Três coisas nos chamam a atenção sobre a atitude de Jesus na oração:

1) A submissão. Jesus orou: ... *Aba, Pai, tudo te é possível; passa de mim este cálice; contudo, não seja o que eu quero, e sim o que tu queres* (Marcos 14:36). Lucas registra assim: *Pai, se queres, passa de mim este cálice; contudo, não se faça a minha vontade, e sim a tua* (Lucas 22:42). Tanto a "hora" como o "cálice" referem-se à mesma coisa. O derramar da ira de Deus é descrita no Antigo Testamento como "cálice de atordoamento" (Isaías 51:17,22).[37] Na mesma trilha, Adolf Pohl diz que no versículo 35 sabemos em que cálice Jesus está pensando. É "esta hora", que no versículo 41 "chegou", isto é, a entrega do Filho do homem nas mãos dos pecadores, à mercê da ação deles (Marcos 9:31). Aquele que estava ligado a Deus como nenhum outro, haveria de tornar-se alguém abandonado por Deus como nenhum outro.[38]

Seja feita a minha vontade, e não a tua, levou o primeiro Adão a cair. Mas seja feita a tua vontade, e não a minha, abriu a porta de salvação para os pecadores. Oração não é a tentativa de fazer Deus mudar sua vontade, a fim de atender aos planos do homem. É, pelo contrário, a sujeição dos planos humanos à vontade soberana de Deus. Adolf

---

[37] MULHOLLAND, Dewey M. *Marcos: introdução e comentário.* São Paulo: Vida Nova, 2005, p. 216.

[38] POHL, Adolf. *Evangelho de Marcos*, 1998, p. 409.

Pohl diz que Jesus não simplesmente teve de sofrer, mas no fim também quis sofrer. Sua cruz foi a cada momento, apesar das lutas imensas, sua própria ação e seu caminho trilhado conscientemente (João 10:18; 17:19). Ele foi entregue, mas também entregou a si mesmo (Gálatas 1:4; 2:20).[39]

2) *A persistência.* Jesus orou três vezes, sempre focando o mesmo aspecto. Ele suou sangue não para fugir da vontade de Deus, mas para fazer a vontade de Deus. Oração é buscar que a vontade do homem não seja feita no céu, mas desejar que a vontade de Deus seja feita na terra. O evangelista Lucas esclarece que a persistência de Jesus era dupla: ele orou não apenas três vezes (Marcos 14:39), mas *mais intensamente* (Lucas 22:44).

3) *A agonia.* Jesus não apenas foi tomado de *pavor e angústia* (Marcos 14:33); não apenas disse que sua alma estava profundamente triste até a morte (Marcos 14:34), mas o evangelista Lucas registra: [...] *E, estando em agonia, orava mais intensamente. E aconteceu que o seu suor se tornou como gotas de sangue caindo sobre a terra* (Lucas 22:44). A ciência médica denomina esse fenômeno de "diapedese", dando como causa uma violenta comoção mental. E foi esse, realmente, o ponto culminante do sofrimento de Jesus, à sombra da cruz.[40]

A intimidade na oração. Jesus orou e dizia: [...] *Aba, Pai* [...] (Marcos 14:36). Esse termo aramaico significa "meu Pai" ou "papai". Ele denota intimidade,

---

[39] POHL, Adolf. *Evangelho de Marcos*, 1998, p. 410.
[40] GIOIA, Egidio. *Notas e comentários à harmonia dos Evangelhos*, 1969, p. 345.

confiança. Bruce Barton diz que o termo aramaico *Abba* implica familiaridade e proximidade.[41] Jesus não está orando a uma divindade distante, indiferente, mas a seu Pai. Ele é onipotente e também amoroso. O mesmo que pode fazer todas as coisas também tem um relacionamento íntimo e estreito conosco. William Barclay diz que se podemos chamar Deus de Pai, então tudo se torna suportável, pois a mão do Pai nunca ocasionará a seu filho uma lágrima desnecessária.[42] Joaquim Jeremias diz que Jesus fala a Deus "como uma criança com seu pai: confiantemente e com firmeza e ainda, ao mesmo tempo, reverente e obedientemente".[43] O mesmo escritor ainda diz que não possuímos um único exemplo do uso de *Abba* em relação a Deus no judaísmo, mas Jesus sempre falou com Deus desse modo em suas orações.[44]

O triunfo da oração. Depois de orar três vezes e mais intensamente pelo mesmo assunto, Jesus apropriou-se da vitória. Ele encontra paz para o seu coração e está pronto a enfrentar a prisão, os açoites, o escárnio, a morte. Ele disse a seus discípulos: ... *Basta! Chegou a hora...* (Marcos 14:41). Jesus levantou-se não para fugir, mas para ir ao encontro da turba (João 18:4-8). Ele estava preparado para o confronto. Quando oramos, Deus nos prepara!

---

[41] BARTON, Bruce B. et al. *Life Application Bible Commentary on Mark*, Wheaton: Tyndale, 1994, p. 425.
[42] BARCLAY, William. *Marcos*. Buenos Aires: Ediciones La Aurora, 1974, p. 353-354.
[43] JEREMIAS, Joachim. *New Testament Theology*. New York: Charles Scribner's Sons, 1971, p. 67.
[44] Ibid., p. 66.

Jesus, sem hesitar, vai adiante em direção à cruz. Com firme resolução, ele beberá o cálice e sofrerá o horror que ele temeu no Getsêmani. Essa é a vontade do Pai, e fazer a vontade de Deus é um compromisso inegociável (14:36). Jesus não mais falará de seu sofrimento. A preparação para o sofrimento e a morte de Jesus está concluída; a paixão começa.[45] Adolf Pohl diz que as mãos de Deus se retiram, e os pecadores põem as mãos nele (Marcos 14:46). Como o único que nessa noite não foi vencido pela escuridão, ele é entregue à escuridão.[46]

Os discípulos de Jesus não oraram nem vigiaram (Marcos 14:38), por isso dormiram. Os seus olhos estavam pesados de sono, porque o coração estava vazio de oração. Porque não oraram, caíram em tentação e fugiram (Marcos 14:50). Sem oração, a tristeza nos domina (Lucas 22:45). Sem oração, agiremos na força da carne (João 18:10). Pedro, aquele que acabara de se apresentar para o martírio, não possui nem mesmo a força de manter os olhos abertos. Ele começou a sua queda no versículo 27. Ela teve vários degraus: a justiça própria (Marcos 14:30), o sono (Marcos 14:37), a fuga (Marcos 14:50) e a negação (Marcos 14:71).[47]

Nós devemos orar e vigiar; vigiar e orar. John Charles Ryle diz que vigilância sem oração é autoconfiança e autoengano. Oração sem vigilância é apenas entusiasmo e fanatismo. Aqueles que

---

[45] MULHOLLAND, Dewey M. *Marcos: introdução e comentário*. São Paulo: Vida Nova, 2005, p. 217.
[46] POHL, Adolf. *Evangelho de Marcos*, 1998, p. 411.
[47] Ibid., p. 410.

conhecem as próprias fraquezas, e conhecem a necessidade de orar e vigiar, são os que são fortalecidos para não cair em tentação.[48]

A consolação restauradora

Jesus entrou cheio de pavor e angustiado no jardim de Getsêmani e saiu consolado. Sua oração tríplice e insistente trouxe-lhe paz depois da grande tempestade. Quais foram as fontes de consolação que ele encontrou nessa hora de maior drama da sua vida?

A consolação da comunhão com o Pai. A oração é uma fonte de consolação. Por meio dela, derramamos nossa alma diante de Deus. Por meio dela, temos intimidade com Deus. Jesus se dirigiu a Deus, chamando-o de *Aba, Pai*. Quando estamos na presença daquele que governa os céus e a terra e temos a consciência de que ele é o nosso Pai, nossos temores se vão e a paz enche a nossa alma.

A consolação do anjo de Deus. O evangelista Lucas é o único que nos fala do suor de sangue e também da consolação angelical. No instante em que Jesus orava, buscando a vontade do Pai para beber o cálice, símbolo do seu sofrimento e morte vicária, *lhe apareceu um anjo do céu que o confortava* (Lucas 22:43). William Hendriksen enfatiza que a angústia que levou Jesus a suar sangue foi "por nós". Era uma indicação do eterno amor do salvador pelos pobres pecadores perdidos que viera salvar.[49]

---

[48] RYLE, John Charles. *Mark*, 1993, p. 236.
[49] HENDRIKSEN, William. *Lucas*. Vol. 2. São Paulo: Cultura Cristã, 2003, p. 592.

A consolação da firmeza de propósito. Jesus levanta-se da oração sem pavor, sem tristeza, sem angústia. Ele a partir da agora caminha para a cruz como um rei caminha para a coroação. Ele triunfou de joelhos no Getsêmani e está pronto a enfrentar os inimigos e a morrer vicariamente na cruz.

Capítulo 6

Daniel:
Como conciliar os decretos de Deus com a oração

Hernandes Dias Lopes

Uma das perguntas mais frequentes que ouço é: "Se Deus já decretou todas as coisas, se Deus já sabe de antemão todas as coisas, vale a pena o povo de Deus ser despertado para a oração?"

A Bíblia tem muito a nos ensinar sobre essa questão:

- Jonas pregou sobre a destruição de Nínive, o povo foi convertido e Deus suspendeu o mal e poupou o povo.
- Abraão orou por Sodoma e, quando Deus estava destruindo a cidade, lembrou-se de Abraão e salvou Ló.
- O Pentecostes foi prometido, mas os discípulos o aguardaram em unânime e perseverante oração. Depois de dez dias de oração, o Espírito Santo foi derramado.
- Jesus prometeu que vai voltar para buscar a sua igreja, mas a Bíblia nos ensina a orar: "Maranata, ora vem Senhor Jesus!"
- Daniel leu no livro do profeta Jeremias que o cativeiro do povo duraria setenta anos, mas ele colocou-se na brecha da oração em favor do povo.

Essa oração de Daniel é uma das mais importantes da Bíblia. Temos aqui várias lições:

Os pressupostos da oração

Daniel está estudando as Escrituras quando tem pleno discernimento da duração do cativeiro (Daniel 9:1,2). Destacamos três pontos importantes:

Uma vida dedicada à oração. Nabucodonosor havia levado Judá para o cativeiro em 606 a.C. Daniel foi levado para a Babilônia aos 14 anos. Agora Daniel tem 82 anos. Encontramo-nos no ano 536 a.C., o primeiro de Dario, o medo. Daniel orou quando adolescente (cap. 1). Orou com seus amigos (Daniel 2:17,18). Daniel orava três vezes por dia com janelas abertas para Jerusalém (Daniel 6). Daniel está orando aqui no capítulo 9. O decreto de Deus era que o cativeiro seria de setenta anos, mas a determinação de Deus passaria pela oração de quebrantamento do seu povo. Aqueles anos de cativeiro ainda não tinham trazido quebrantamento ao povo. O sofrimento não o fizera voltar-se para Deus. Daniel não se sentiu desanimado de orar por causa do decreto; ao contrário, foi mais encorajado a fazê-lo.

Uma vida dedicada à integridade. Daniel permaneceu firme naqueles sessenta e oito anos de cativeiro. Foi provado, mas nunca sucumbiu ao pecado. Algumas vezes preferiu a morte a pecar contra Deus, e Deus o honrou. A Babilônia caiu, mas Daniel continuou de pé. Agora, no império medo-persa é o segundo homem mais importante. Nem as provas nem a promoção o corromperam.

Uma vida dedicada ao estudo da Palavra. Nesse capítulo vemos Daniel estudando os livros. Daniel tinha visões, mas nunca abandonou a Bíblia. Está examinando os rolos do livro de Jeremias quando descobre 25:8-11 e 29:10-14 falando do cativeiro e da libertação. A vida de Daniel é construída sobre estes dois pilares: oração e Palavra.

A preparação para a oração

Daniel conta sua experiência: *Voltei o rosto ao Senhor Deus, para o buscar com oração e súplicas, com jejum, pano de saco e cinza* (Daniel 9:3). Quatro pontos merecem destaque:

Uma busca intensa. Daniel voltou o rosto ao Senhor. Isso demonstra a intensidade da sua oração. Ele tinha vida de oração metódica e regular, mas agora esse homem se concentra em oração.

Um clamor fervoroso. Daniel ora e suplica. O decreto de Deus o leva a ser mais enfático na sua oração e clamor.

Uma urgência inadiável. Quem jejua tem pressa. Quem jejua não pode protelar. Daniel tem urgência no seu clamor. Faltam apenas mais dois anos para o cumprimento da profecia, e ele não vê no seu povo o quebrantamento. Ele sabe que a profecia passa pelo arrependimento do povo. Por isso, ora com tanta urgência.

Um quebrantamento profundo. Ele se humilha. Ele se veste com pano de saco e cinza. Ele era um homem do palácio. Ele se despoja da sua posição.

Os atributos da oração

Destacamos três pontos importantes:

Adoração. Daniel 9:4 diz: *Orei ao SENHOR, meu Deus, confessei e disse: Ah! Senhor! Deus grande e temível, que guardas a aliança e a misericórdia para com os que te amam e guardam os teus mandamentos.* A adoração pode ser observada por duas realidades. Primeiro, reverência (Daniel 9:4). Sua oração não era daquele tipo PAIZINHO tão popular hoje, que descreve intimidade na verbalização, mas distância na comunhão. Daniel tinha intimidade com Deus, mas reconhece a majestade e a grandeza de Deus diante de quem os serafins cobrem o rosto. Confiança filial não é inconsistente com profunda reverência. Segundo, fé (Daniel 9:4). Daniel adora a Deus por causa da sua fidelidade ao pacto. Ele pode confiar em Deus por saber que Deus é fiel à sua palavra. Daniel adora a Deus também por causa da misericórdia e prontidão em perdoar (v. 4,9).

Contrição (Daniel 9:5-15). A contrição de Daniel pode ser constatada como segue: Primeiro, a confissão é coletiva (Daniel 9:7,8). Daniel compreende que ele, os líderes do seu povo e o povo pecaram contra Deus. Aqui não há justificativas nem transferência de culpa. Todos pecaram. Todos são culpados: os líderes e o povo. Deus falou, e eles não ouviram. Deus ordenou, e eles não obedeceram. Deus fez grandes maravilhas, e eles não agradeceram. Segundo, a confissão é específica (Daniel 9:5,6). Daniel não faz confissões genéricas. Daniel usa vários termos para expressar o pecado do povo: pecado, iniquidades, procedimento perverso, rebeldia, desvio dos mandamentos e juízos (v. 5), desobediência (v. 10), transgressão da lei (v. 11), procedimento perverso (v. 15). Terceiro, a confissão é sincera (Daniel 9:7,14). Daniel está corado de vergonha. Ele sabe que os males que vieram sobre o povo foram provocados pela desobediência e rebeldia do povo. O pecado traz opróbrio, vergonha, dor, humilhação, derrota. Quarto, a confissão é consciente da justiça divina (Daniel 9:7,11,14). Daniel reconhece que as aflições do povo são por causa do seu pecado, por isso Deus é justo em castigar o seu povo (v. 11). Quinto, a confissão reconhece a dureza do coração do povo (Daniel 9:11-13). Daniel entende que o mal veio sobre o povo por causa do seu pecado. Deus já havia alertado o povo sobre esse perigo. Mas a despeito da maldição ter vindo, do mal ter chegado, o povo ainda não havia se quebrantado. O povo não tinha atendido nem à voz do chicote de Deus. Sexto, a confissão reconhece a ingratidão do povo (Daniel 9:15). Deus tirara Israel do Egito com mão forte e poderosa. Realizara muitos milagres e providências em sua vida e o engrandecera aos olhos das nações. Mas Israel, em vez de agradar a Deus, rebelou-se contra ele.

Petição (Daniel 9:6-19). Vejamos cinco pontos que reforçam essa petição: Primeiro, pedidos específicos (Daniel 9:16-18). Daniel pediu por Jerusalém e pelo monte santo (v. 16). Pediu pelo templo assolado (v. 17). Pediu pela cidade que é chamada pelo nome de Deus (v. 18). Segundo, pedidos urgentes (Daniel 9:19). Daniel tem pressa. Ele não pode esperar. Ele pede a Deus urgência na resposta. Terceiro, pedidos importunos (Daniel 9:15-19). No versículo 15, ele diz: *Já fizeste grandes coisas por esse povo, não o farás de novo? Não peço algo novo, mas o que já fizeste no passado.* No versículo 16, Daniel diz: *É a tua cidade. É o teu monte santo. Não deveria então fazer algo por eles? É o teu povo que está sendo desprezado. Ficará Deus impassivo?* No versículo 17, Daniel diz: *O teu santuário é o único lugar que escolheste para tua habitação. Deixaria tu este lugar desolado para sempre?* No versículo 18, Daniel diz: *É a cidade chamada pelo teu nome.* O apelo de Daniel não é que Deus simplesmente liberte o seu povo, mas que o faça por amor do seu nome. É a glória do nome de Deus que está em jogo e o que ele busca. Não é simplesmente por causa do povo. Ele não o merece. É por causa do nome de Deus! A desolação refletirá no caráter de Deus. As pessoas poderão questionar seu poder e sua bondade. Se Deus não agir, seu nome será blasfemado. No versículo 19, a oração alcança seu ápice. Quando foi a última vez que você orou assim? Esse é o tipo de oração que Deus ouve. Precisamos conhecer as promessas de Deus e orar por elas dessa forma. Quando um remanescente ora dessa forma, a história é mudada. Quarto, pedidos cheios de clemência (Daniel 9:19). Daniel não pede justiça, mas misericórdia. Ele pede perdão. Ele não pede por amor ao povo, mas por amor a Deus. Quinto, pedidos fundamentados na misericórdia (Daniel 9:18). A oração verdadeira é sempre marcada por profunda humildade. Nossas orações devem ser fundamentadas não na justiça humana, mas na misericórdia divina. Não nos merecimentos do homem, mas nos méritos de Jesus.

Conclusões práticas

O espírito de oração deve caracterizar todos os filhos de Deus. Primeiro, a palavra de Deus lida deve nos desafiar a uma intensa vida de oração. Segundo, os filhos de Deus devem se aplicar profundamente à prática da intercessão. Terceiro, os decretos de Deus nos encorajam a orar com mais fervor.

Capítulo 7

O altar da oração
na vida da igreja

Hernandes Dias Lopes

Deus mandou Moisés construir um santuário para habitar no meio do povo (Êxodo 25:8). Determinou que no lugar santo haveria um altar de incenso, onde o fogo jamais deveria estar apagado. O incenso deveria queimar continuamente. O incenso é símbolo das nossas orações (Apocalipse 5:8; 8:3). Devemos, igualmente, orar sem cessar. O altar de incenso nos ensina algumas lições sobre a oração na vida da igreja.

A centralidade da oração na vida da igreja

O altar de incenso deveria ficar no centro do Lugar Santo, defronte do véu, onde estava a arca da aliança: *Porás o altar defronte do véu que está diante da arca do Testemunho, diante do propiciatório que está sobre o Testemunho, onde me avistarei contigo* (Êxodo 30:6). A posição geográfica do altar de incenso já definia a centralidade da oração na vida do povo. Fomos criados para o louvor da glória de Deus. Devemos aspirar pela presença de Deus mais do que pelas bênçãos de Deus. O doador é mais importante do que suas dádivas. Deus é mais importante do que as suas bênçãos. Por isso, oração não é um apêndice na vida cristã, mas a sua parte central. Jesus regou seu ministério com oração. Os apóstolos aprenderam a orar com ele, por isso entenderam que deveriam se consagrar à oração e ao ministério da Palavra (Atos 6:4). A igreja primitiva orava porque sua liderança orava. A igreja perseverava na oração (Atos 2:42). Diante das situações mais desesperadoras, a igreja orava. Quando a perseguição ameaçou a igreja, os crentes oraram, e Deus fez o lugar onde estavam reunidos tremer, e todos ficaram cheios do Espírito Santo e passaram a pregar com grande poder (Atos 4:31). Quando Pedro estava ameaçado de morte, trancado numa prisão de segurança máxima, a igreja orou, e Deus o libertou do cárcere de maneira extraordinária (Atos 12:1-17).

A oração não é um programa da igreja, no qual alguns se inserem e outros não. A oração é uma usina de poder que movimenta a igreja em sua caminhada vitoriosa. Todos os discípulos perseveraram unânimes em oração (Atos 1:14). Todos perseveravam na oração (Atos 2:42). E não apenas em Jerusalém; a oração tornou-se a prática revitalizadora da igreja em todos os recantos. Foi numa reunião de oração da igreja de Antioquia da Síria que a obra missionária transcultural começou de forma programática (Atos 13:1-3). Foi numa reunião de oração em Filipos que a igreja ocidental teve seu início (Atos 16:13,14).

Hoje, muitas igrejas estão fracas e doentes porque os crentes perderam o entusiasmo pela oração. Em muitas igrejas, as reuniões de oração estão morrendo. Os crentes estão ocupados demais para se ocuparem com Deus. Estão encantados demais com o *glamour* do mundo para sentirem saudade de Deus. Estão apáticos demais para se entusiasmarem com as coisas lá do alto. São autossuficientes demais para serem dependentes de Deus.

Não há poder sem oração. Não há avivamento espiritual sem oração. Sem oração, não há pregação poderosa. Sem oração, nossos cultos serão frios, nossas mensagens serão fracas, nossas músicas serão vazias e nossas reuniões serão infrutíferas.

Não há salvação dos perdidos sem oração, pois, se a fé vem pelo ouvir e ouvir a palavra de Cristo, precisamos entender que sem oração a palavra de Deus não será verdade em nossa boca. Sem oração, seremos Geazis. O bordão profético em nossas mãos não ressuscitará os mortos. Sem oração, nossos lábios não passarão de lábios de barro. Só a oração nos abre o caminho para a plenitude do Espírito Santo. Só a oração inflama os corações. Só a oração nos torna tochas acesas nas mãos de Deus. Só a oração nos capacitará a fazer a obra de Deus.

Os patriarcas oraram. Os profetas oraram. Os apóstolos oraram. Os pais da igreja oraram. Os reformadores oraram. Os avivalistas oraram. Nós também devemos orar. O próprio Jesus dedicou sua vida à oração enquanto viveu entre nós. Agora, está à destra de Deus orando por nós. O Espírito Santo, o Deus que habita em nós, ora por nós, em nós, ao Deus que está sobre nós. A oração deve ser reconduzida ao centro de nossa vida. A oração deve estar no topo da nossa agenda. O altar de incenso deve estar defronte da arca do Testemunho!

A indispensabilidade da oração na vida da igreja

O incenso deveria ser queimado pela manhã, à tarde e continuamente perante o Senhor. O fogo do altar não podia ser apagado: *Arão queimará sobre ele o incenso aromático; cada manhã, quando preparar as lâmpadas, o queimará. Quando, ao crepúsculo da tarde, acender as lâmpadas, o queimará; será incenso contínuo perante o* SENHOR, *pelas vossas gerações* (Êxodo 30:7,8).

O altar de incenso não podia cobrir-se de cinzas. De igual forma, não podemos dispensar a oração incessante e diária na vida da igreja. Não caminhamos vitoriosamente pela própria força. Dependemos de Deus mais do que dos nossos recursos. Deus sempre olha dos céus buscando alguém que se coloque na brecha em favor do seu povo (Ezequiel 22:30).

O incenso precisa ser queimado no altar a cada manhã. Não podemos começar nosso dia estribados em nossa força. Não podemos buscar em nosso interior o vigor para cumprir nossa agenda. Logo de manhã, precisamos nos postar na presença de Deus e erguer aos céus adoração àquele que é digno e apresentar diante dele nossas súplicas e ações de graças. Lutero costumava dizer que, se não orasse duas horas por dia, não conseguia tempo para cumprir sua agenda. A oração não é desperdício de tempo, mas é o maior investimento de tempo. Sem oração, nosso fôlego é curto, nossas forças são frágeis e nosso poder é consumada fraqueza. As igrejas evangélicas da Coreia do Sul entenderam essa verdade. Visitei naquele país igrejas vibrantes, com dezenas de milhares de membros, com reuniões diárias de oração pela manhã. Quando perguntei aos pastores dessas igrejas acerca do segredo de tão expressivo crescimento, todos responderam que o segredo do crescimento da igreja coreana é a oração pela madrugada.

Questionei um pastor acerca dessa prática. E até insinuei que eles oravam de madrugada porque esse era um costume oriental. Mas de pronto o pastor me respondeu: "Não, no mundo inteiro as pessoas levantam de madrugada para ganhar dinheiro. Nós levantamos de madrugada para orar, porque Deus é a prioridade da nossa vida."

A cultura ocidental está se afastando celeremente da verdadeira espiritualidade. Na Europa, as igrejas estão morrendo literalmente. Não chega a 10% o número de crentes que frequentam regularmente uma igreja. Na América do Norte, muitas igrejas históricas estão perdendo membros, anos após anos. No Brasil, muitas igrejas doutrinariamente sólidas têm muita luz na mente, mas pouco fogo no coração. O altar da oração está apagado. O incenso não tem subido à presença de Deus. A oração não tem sido prioridade. Temos bons livros sobre oração. Temos uma correta teologia sobre oração. Temos bons sermões sobre oração. Sabemos muito sobre oração. Mas não oramos. O altar está coberto de cinzas. As brasas estão apagadas. O fogo precisa ser novamente aceso!

O fogo, porém, precisa queimar o incenso não apenas de manhã, mas também ao crepúsculo da tarde. Em outras palavras, a oração deve ser uma prática não apenas central na vida da igreja, mas também uma prática contínua, *será incenso contínuo perante o* Senhor, *pelas vossas gerações* (Êxodo 30:8). Muitas vezes, temos entusiasmo para iniciar uma reunião de oração, mas falta-nos perseverança para prosseguir. Falta o combustível da perseverança para manter o fogo aceso pela manhã e também ao crepúsculo da tarde. Os avivamentos sempre vieram em resposta à perseverança na oração. Foi assim no Pentecostes. Depois de dez dias de oração unânime de todos os discípulos é que o Espírito Santo desceu. Foi assim no avivamento inglês, quando os jovens da Universidade de Oxford, clamaram perseverantemente até que os céus se rasgaram e o Espírito Santo desceu numa reunião de oração, no dia 31 de dezembro de 1739. Foi assim com Evan Roberts, no País de Gales, em 1904. Depois de uma semana de clamor, o Espírito Santo desceu poderosamente sobre eles, e em seis meses mais de cem mil pessoas foram salvas. Foi assim em Kwa Sizabantu, na África do Sul, com Erlo Steagen. Depois de meses de oração e pranto, o Espírito Santo foi derramado sobre eles, e dezenas de milhares de pessoas foram salvas. Eu visitei pessoalmente essa missão em 1991. Testemunhei as coisas extraordinárias que ali aconteceram. Além do expressivo crescimento numérico, sinais e maravilhas ocorreram ali, confirmando a pregação poderosa. Cegos viram, aleijados andaram, mortos ressuscitaram. Deus nunca mudou. Ele é o mesmo ontem, hoje e sempre. Ele pode fazer as mesmas coisas. Ele nunca se aposentou nem está assentado numa cadeira de balanço. Nosso Deus está no trono. Ele reina. Ele é poderoso para atender ao clamor de sua igreja e derramar novamente, e de forma copiosa, o seu Espírito!

Oh, que Deus restaure nossa sorte! Oh, que Deus restaure sua vinha, que está murcha! Oh, que Deus sopre sobre nós um alento de vida e derrame sobre nós porção dobrada do Espírito de súplicas!

Vale destacar que o incenso só pode subir à presença de Deus quando é queimado pelo fogo. O fogo é um símbolo do Espírito Santo. Há uma estreita conexão entre oração, o Espírito Santo e o revestimento de poder. É quando o fogo do Espírito arde em nosso coração que os nossos joelhos se dobram. E ao mesmo tempo, quando os joelhos se dobram, o fogo do Espírito Santo nos inflama. O resultado é uma vida cheia de poder!

As igrejas estão fracas porque falta oração. As igrejas estão sem poder porque falta o fogo do Espírito Santo. Encerrei o primeiro livro que escrevi, *Batismo com fogo*, com uma ilustração, que repito aqui. Havia numa pequena cidade uma igreja evangélica. Essa igreja estava há muitos anos na cidade sem influenciá-la. Era uma igreja apática e sem vigor espiritual. Ao lado da igreja morava um ateu. Esse homem jamais fora impactado pelo testemunho da igreja. Aliás, nunca sequer fora convidado para participar de um culto. Um dia, o templo dessa igreja pegou fogo, literalmente. As chamas lambiam o edifício. Os crentes vieram, imediatamente, para apagar o fogo. Os vizinhos também se uniram para ajudar. Enquanto todos estavam concentrados nessa obra urgente, a zeladora da igreja vê que o homem ateu também estava jogando baldes d'água para apagar o fogo. Então, surpresa, disse-lhe:

"Mas o senhor aqui? É a primeira vez que eu vejo o senhor em nossa igreja!" O ateu respondeu, sem pestanejar: "Mas também é a primeira vez que essa igreja pega fogo." Se formos crentes inflamados pelo fogo do Espírito Santo, as pessoas serão atraídas à igreja!

A pureza da oração na vida da igreja

Deus não se agrada de uma oração com motivações erradas. Diz o texto bíblico que o incenso precisava ser puro, santo e não estranho: *Não oferecereis sobre ele incenso estranho*[...] (Êxodo 30:9). Deus não aceita incenso estranho, orações contaminadas pela vaidade, oriundas de vidas impuras, de corações impenitentes. A oração do perverso é abominação para Deus (Provérbios 28:9). Não adianta multiplicarmos as nossas orações se a nossa vida está fora da vontade de Deus (Isaías 1:15). Não adianta honrar a Deus com os nossos lábios se o nosso coração está longe de Deus (Mateus 15:8).

Duas coisas nos chamam a atenção aqui. A primeira delas é que a vida de quem ora precisa estar certa com Deus. Antes de Deus aceitar minha oração, precisa aceitar minha vida. Deus rejeitou Caim e sua oferta. Por que Deus rejeitou a oferta de Caim? Primeiro, porque rejeitou sua vida. Por que as longas orações dos fariseus eram rejeitadas? Porque eram orações hipócritas. Eles falavam uma coisa e faziam outra. Eram orações para engrandecer a si próprios, e não para honrarem a Deus. Na verdade, Deus está mais interessado em quem somos do que naquilo que fazemos. Vida com Deus precede trabalho para Deus. A Bíblia diz que, se no coração contemplarmos a vaidade, Deus não nos ouvirá (Salmos 66:18).

A segunda coisa que destaco é que nossas orações precisam ser de acordo com os preceitos estabelecidos pelo próprio Deus. Nossas orações precisam ser endereçadas a Deus, em nome de Jesus, no poder do Espírito Santo. Isso exclui, por certo, aquelas orações dirigidas aos santos ou aos anjos. Só Deus ouve orações. Só Deus responde a orações. Só Jesus pode ser o mediador das nossas orações. Só no poder do Espírito Santo poderemos orar corretamente!

Os componentes da oração da igreja

O incenso era feito de quatro componentes: *Disse mais o SENHOR a Moisés: Toma substâncias odoríferas, estoraque, ônica e gálbano; estes arômatas com incenso puro, cada um de igual peso; e disto farás incenso, perfume segundo a arte do perfumista, temperado com sal, puro e santo* (Êxodo 30:34,35).

Estoraque – Era extraído de um arbusto sem incisão, sem corte na árvore. A resina fluía espontaneamente. As nossas orações de igual modo devem ser livres e espontâneas.

Ônica – Era extraído de um molusco marinho. Isso nos ensina que a oração deve partir das profundezas da nossa alma.

Gálbano – Era um arbusto do deserto. Suas folhas deviam ser quebradas e moídas para a extração do perfume. As orações devem brotar de um coração quebrantado e contrito.

Sal – O sal é um símbolo da nossa vida (Mateus 5:13), e nossa vida é a parte mais importante da nossa oração.

Nossa ardente expectativa é que Deus nos desperte para uma vida mais abundante de oração. Que o incenso das nossas orações fervorosas suba sempre à presença de Deus como aroma suave e que o fogo jamais apague no altar de nossa vida.

Capítulo 8

Tiago:
A eficácia
da oração

Hernandes Dias Lopes

Tiago, irmão do Senhor, escritor da carta que leva seu nome, era um homem de oração. Os estudiosos chegam a afirmar que ele era conhecido como o homem que tinha joelhos de camelo, tamanha a quantidade de tempo que passava prostrado diante de Deus em oração. Agora, Tiago nos ensina sobre a oração. Vamos examinar o texto de Tiago 5:13-20. Sete vezes nesse parágrafo Tiago menciona a oração. Um cristão maduro é aquele que tem uma vida plena de oração diante das lutas da vida. Em vez de ficar amargurado, desanimado, reclamando, ele coloca a sua causa diante de Deus, e Deus responde ao seu clamor.

A epístola de Tiago é uma carta prática. Por isso, ele começa e termina a carta com oração. Desperdiçamos tempo e energia quando tentamos viver a vida sem oração.

Nesse parágrafo Tiago encoraja-nos a orar, descrevendo quatro situações em que Deus responde às nossas orações.

Devemos orar pelos que passam por problemas

Tiago nos ensina três verdades muito importantes no texto a seguir: *Está alguém entre vós sofrendo? Faça oração. Está alguém alegre? Cante louvores* (Tiago 5:13).

Nos problemas não murmure; ore. O sofrimento aqui é provado por circunstâncias adversas: saúde, finanças, família, relacionamentos, decepções. Em vez de murmurar contra Deus ou falar mal dos irmãos (Tiago 5:9), devemos apresentar essa causa a Deus, em oração, pedindo sabedoria para usar essa situação para a glória de Deus (Tiago 1:5).

Deus pode transformar problemas em triunfo pela oração. A oração remove o sofrimento quando essa é a vontade de Deus. Mas também a oração nos dá poder para enfrentar os problemas e usá-los para cumprir os propósitos de Deus. Paulo orou para Deus mudar as circunstâncias da sua vida, mas Deus lhe deu poder para suportar as circunstâncias (2Coríntios 12:7-10). Jesus clamou ao Pai no Getsêmani para passar dele o cálice, mas o Pai lhe deu forças para suportar a cruz e morrer pelos nossos pecados.

Nem todas as pessoas passam por problemas ao mesmo tempo. Ao mesmo tempo que há pessoas sofrendo, também há pessoas alegres (Tiago 5:13). Deus equilibra a nossa vida, dando-nos horas de sofrimento e horas de regozijo. O cristão maduro, entretanto, canta mesmo no sofrimento (Jó 35:10). Paulo e Silas cantaram na prisão (Atos 16:25). Josafá cantou no fragor da batalha (2Crônicas 20:21).

Devemos orar pelos enfermos

Tiago prossegue em seu ensinamento sobre a oração, quando escreve:

> Está alguém entre vós doente? Chame os presbíteros da igreja, e estes façam oração sobre ele, ungindo-o com óleo, em nome do Senhor. E a oração da fé salvará o enfermo, e o Senhor o levantará; e, se houver cometido pecados, ser-lhe-ão perdoados. Confessai, pois, os vossos pecados uns aos outros e orai uns pelos outros, para serdes curados. Muito pode, por sua eficácia, a súplica do justo (Tiago 5:14-16).

O contexto aqui mostra que Tiago está tratando de doenças *hamartiagênicas,* ou seja, doenças provocadas pelo pecado (Tiago 5:15b,16). Nem toda doença, entretanto, é resultado de pecado pessoal.

Três perguntas devem ser feitas:

O que o enfermo faz? Primeiro, o doente reconhece a autoridade espiritual dos presbíteros da igreja (Tiago 5:14). O crente impossibilitado de ir à igreja chama os presbíteros da igreja a sua casa. O doente reconhece, assim, que os presbíteros, e não um homem ou uma mulher que tem o dom de curar, é que deve orar por ele. Segundo, o doente confessa seus pecados (Tiago 5:16). A confissão é feita aos santos, e não a um sacerdote. Devemos confessar o nosso pecado a Deus (1João 1:9) e também àqueles que foram afetados por ele. Jamais devemos confessar um pecado além do círculo afetado por aquele pecado. Pecado privado deve ter confissão privada. Pecado público requer confissão pública. É uma postura errada "lavar roupa suja" em público.

O que os presbíteros fazem? Primeiro, eles oram pelo enfermo com imposição de mãos e fé (Tiago 5:14,15). Os presbíteros são bispos e pastores do rebanho. Eles velam pela alma daqueles que lhes foram confiados (Hebreus 13:17). Eles oram com imposição de mãos, num gesto de autoridade espiritual. A oração da fé é a oração feita na plena convicção da vontade de Deus (1João 5:14,15). Segundo, eles ungem o enfermo com óleo em nome do Senhor (Tiago 5:14). Não é a unção que cura o enfermo, mas a oração da fé. Quem levanta o enfermo não é o óleo; é o Senhor. O óleo é apenas um símbolo da ação de Deus.

O que Deus faz? O texto de Tiago responde assim: Primeiro, Deus cura o enfermo através da oração da fé. Segundo, Deus levanta o enfermo. Terceiro, Deus perdoa o enfermo.

Devemos orar pela nação (Tiago 5:17,18)

Tiago prossegue em seu ensino: *Elias era homem semelhante a nós, sujeito aos mesmos sentimentos, e orou, com instância, para que não chovesse sobre a terra, e, por três anos e seis meses, não choveu. E orou, de novo, e o céu deu chuva, e a terra fez germinar seus frutos* (Tiago 5:17,18).

Quando a nação se desvia de Deus, os profetas de Deus devem orar e pregar. Israel se afastou de Deus, e Elias apareceu no cenário para confrontar o rei, o povo e os profetas de Baal. Elias não só falou aos homens; falou também com Deus, clamando chuva para Israel.

Os crentes, embora sejam imperfeitos como Elias, podem ter vitória na oração. Elias era homem

Tiago:
A eficácia
da oração

sujeito às mesmas fraquezas (teve medo, fugiu, sentiu depressão, pediu para morrer), mas era justo, e a oração do justo pode muito em sua eficácia. O poder da oração é o maior poder no mundo hoje. A história mostra o progresso da humanidade: poder do braço, poder do cavalo, poder da dinamite, poder da bomba atômica. Mas o maior poder é o poder de Deus através da oração. De que forma Elias orou?

Elias orou fundamentado na promessa de Deus. Em 1Reis 18:1, Deus disse que enviaria a chuva e, em 1Reis 18:41-46, Elias ora pela chuva. Não podemos separar a Palavra de Deus da oração. Em sua Palavra, Deus nos dá as promessas pelas quais devemos orar.

Elias orou com persistência. Elias orou sete vezes. Nas seis primeiras vezes, não havia sequer um sinal de que sua oração seria respondida. Na sétima vez, aparece no céu uma nuvem pequena, e isso bastava para Elias. A chuva chegou abundantemente, porque Elias orou persistentemente. Muitas vezes, fracassamos na oração porque desistimos muito cedo, no limiar da bênção.

Elias orou com intensidade. A palavra com "instância" em Tiago 5:17 significa que Elias orou com intensidade. Ele pôs o seu coração na oração. Devemos orar pela nação hoje, para que Deus traga convicção de pecado e um reavivamento à igreja.

Devemos orar pelos desviados (Tiago 5:19,20)

Tiago conclui assim seu ensino sobre a oração: *Meus irmãos, se algum entre vós se desviar da verdade, e alguém o converter, sabei que aquele que converte o pecador do seu caminho errado salvará da morte a alma dele e cobrirá multidão de pecados* (Tiago 5:19,20).

Duas coisas devemos fazer:

Devemos orar pelos membros que se desviaram da palavra de Deus. Quando um crente se desvia, devemos falar de Deus para ele (Gálatas 6:1) e dele, para Deus (Tiago 5:19). Salomão diz que *um só pecador destrói muitas coisas boas* (Ec 9:18). Há sempre o perigo de uma pessoa se desviar da verdade. Por isso a advertência das Escrituras: *Por esta razão, importa que nos apeguemos, com mais firmeza, às verdades ouvidas, para que delas jamais nos desviemos* (Hebreus 2:1). O resultado desse desvio é o pecado e, possivelmente, a morte (Tiago 5:20). O pecado na vida de um crente é pior do que na vida de um não crente. Quando um crente peca, peca contra o conhecimento da verdade, contra o amor de Deus revelado em Cristo, contra o testemunho que deve dar no mundo.

Devemos ajudar os membros que se desviam da Palavra de Deus. Essa pessoa precisa ser "convertida", ou seja, voltar para o caminho da verdade (Lucas 22:32). Precisamos nos esforçar par a salvar os perdidos. Mas também precisamos nos esforçar para restaurar os salvos que se desviam. Judas, irmão do Senhor, em sua epístola, usa a expressão "salvar do fogo" (Judas 23). Que Deus levante uma geração de homens e mulheres comprometidos com a oração, homens e mulheres que ousem ter "joelhos de camelo!"

Capítulo 9

Os discípulos de Cristo:
A oração e o revestimento de poder

Hernandes Dias Lopes

O Senhor Jesus, antes de retornar ao céu, prometeu enviar o Espírito Santo para estar para sempre com a igreja; e, antes de enviar a igreja ao mundo, prometeu a ela o revestimento de poder. Quero destacar quatro pontos importantes sobre esse magno assunto.

O revestimento de poder do Espírito deve ser um desejo contínuo da igreja

Jesus disse a seus discípulos: [...] *permanecei, pois, na cidade, até que do alto sejais revestidos de poder* (Lucas 24:49). A igreja deveria aguardar o derramamento do Espírito antes de espalhar-se pelo mundo levando a mensagem da salvação. A capacitação precede a ação. Sair para fazer a obra de Deus na força do braço humano é laborar em erro e obter magros resultados. Fazer a obra de Deus confiados em nossos recursos desembocará em grande fiasco. Os discípulos aguardaram no cenáculo, em perseverante oração, durante dez dias, ao cabo dos quais foram cheios do Espírito Santo. Então, a pregação tornou-se poderosa e eficaz, os corações foram compungidos e cerca de três mil pessoas se converteram e foram agregadas à igreja.

É digno de nota que eles deveriam ser revestidos de poder na mesma cidade em que demonstraram a mais aguda fraqueza. Jerusalém deveria ser o palco não apenas de sua fuga covarde, mas também de sua restauração poderosa. O palco da nossa queda deve ser também o cenário da nossa restauração. Onde caímos é o mesmo lugar onde devemos nos levantar.

O revestimento do poder do Espírito deve ser a busca mais intensa da igreja

A igreja não é aconselhada a esperar aplausos do mundo nem reconhecimento dos homens. A igreja não é exortada a buscar riqueza nem prosperidade financeira. A igreja não é aconselhada a fazer campanhas de curas nem correr atrás de milagres. A igreja não é chamada a buscar os holofotes da fama nem se embriagar com o *glamour* do sucesso, mas é exortada a permanecer em fervente oração pela busca do revestimento do Espírito Santo.

No passado, quando os cristãos percebiam que a igreja estava árida e sem poder, eles não buscavam uma renovação baseada em novos métodos; eles paravam, choravam diante de Deus por seus pecados e pediam clemência ao Senhor. Por sua graça, Deus derramava novamente sobre eles o seu Espírito; então, se reerguiam, no poder do Espírito.

O poder do Espírito não pode ser produzido pelo esforço humano. O fogo do Espírito não pode ser fabricado pela imaginação humana. A obra do Espírito não pode ser substituída pela engenhosidade humana. Os métodos pragmáticos e até mágicos usados pelo homem podem atrair as multidões, mas não converter os corações. Podem causar rebuliço e impacto nos espectadores, mas não festa no céu. Podem encher templos na terra, mas não povoar a Cidade Santa. Precisamos do poder que vem do alto, e não do poder fabricado na terra.

O revestimento do poder do Espírito Santo deve ser buscado com perseverança

Jesus foi enfático quando disse que os discípulos deveriam permanecer na cidade *até que* fossem revestidos de poder. Jesus não determinou o dia nem a hora em que o derramamento do Espírito viria sobre eles. Eles deveriam perseverar em oração até que os céus se fendessem. Eles oraram com vibrante expectativa. Oraram com robusta confiança. Oraram com sólida convicção. Oraram com imperturbável perseverança. Eles não desistiram no meio do caminho. Não retrocederam depois de uma semana de busca. Eles entenderam que, enquanto a promessa não fosse cumprida, a espera pelo poder não poderia cessar.

Precisamos encher nosso peito de esperança. Precisamos alimentar nossa alma com o doce néctar das promessas divinas. Sua Palavra é a verdade. Suas promessas são fiéis e verdadeiras, e ele vela pela sua palavra para cumpri-la.

Como afirmei neste livro, visitei a Missão Kwa Sizabantu, na África do Sul em 1991, onde houve um grande avivamento espiritual em 1966, entre os zulus. Durante quatorze anos, eles oraram por um derramamento do Espírito. Nos últimos três meses, eles se reuniam três vezes por dia e apenas choravam, tamanha a convicção de pecado que Deus trouxe sobre eles. Numa manhã, enquanto estavam reunidos, veio sobre eles o vento impetuoso do Espírito, e todos ficaram cheios do Espírito Santo. Imediatamente os feiticeiros da região vieram correndo à Missão, com o rosto molhado de lágrimas, confessando seus pecados. Multidões se renderam a Cristo. Milagres extraordinários foram operados pelo poder do nome de Cristo e para a glória do Pai. O testemunho do evangelho prevaleceu naquela região. Um templo para quinze mil pessoas foi construído numa fazenda, com três cultos por dia, e caravanas do mundo inteiro visitaram esse local, testemunhando a extraordinária obra de Deus naquela Missão.

O revestimento do poder do Espírito capacita a igreja a fazer a obra de Deus

Jesus disse: *Mas recebereis poder, ao descer sobre vós o Espírito Santo, e sereis minhas testemunhas tanto em Jerusalém como em toda a Judeia e Samaria e até aos confins da terra* (Atos 1:8). A igreja precisa de poder para desviar os olhos da especulação teológica e fixá-los no campo da ação missionária. Os discípulos estavam preocupados com datas escatológicas, mas Jesus corrige o foco deles, abrindo-lhes a agenda missionária.

A igreja precisa de poder para perdoar. Havia uma ferida aberta no relacionamento entre judeus e samaritanos. Para alcançar os odiados samaritanos, era necessário derrubar primeiro a barreira do preconceito e do ódio racial. O poder do Espírito derruba as barreiras no coração do obreiro, e o evangelho derruba as paredes da inimizade entre as nações.

A igreja precisa de poder para testemunhar o evangelho até os confins da terra. Precisamos sair do nosso conforto, da nossa zona de segurança e levar a palavra de Deus à nossa família, à nossa cidade, aos recantos da nossa pátria e até as mais remotas regiões do mundo. Você já é um crente revestido com o poder do Espírito Santo? Está pronto a testemunhar o evangelho a outras pessoas?

A igreja precisa do Espírito Santo

Não há igreja sem a presença do Espírito Santo, e não há crescimento saudável dessa igreja sem a ação poderosa desse mesmo Espírito. É impossível haver um só convertido sem a transformação operada pelo Espírito Santo. Charles Spurgeon dizia que é mais fácil ensinar um leão a ser vegetariano do que converter uma alma sem a obra regeneradora do Espírito Santo. O livro de Atos, nos capítulos 1 e 2, nos fala sobre quatro verdades fundamentais acerca do Espírito Santo.

Destaco essas quatro verdades sublimes:

A promessa do Espírito Santo. Jesus determinou aos discípulos não saírem de Jerusalém, até que recebessem a promessa do Pai (Atos 1:4), o batismo com o Espírito Santo (Atos 1:5). Esse batismo seria também um revestimento de poder (Lucas 24:49). Os discípulos, ainda influenciados por uma visão provinciana e política do reino de Deus, perguntaram a Jesus se seria nessa época que o reino seria restaurado a Israel (Atos 1:6). Jesus não alimenta as ideias messiânicas distorcidas deles (Atos 1:7) e retoma o tema da promessa do Espírito, dizendo: *Mas recebereis poder, ao descer sobre vós o Espírito Santo, e sereis minhas testemunhas tanto em Jerusalém como em toda a Judeia e Samaria e até aos confins da terra* (Atos 1:8). Essa promessa que se cumpriu no dia de Pentecostes é a mesma profetizada por Joel (Joel 2:28) e Isaías (Isaías 44:3-5). Aqueles discípulos já tinham o Espírito, pois já eram convertidos (Romanos 8:9). Depois que Jesus ressuscitou, ainda soprou sobre eles o Espírito, dizendo-lhes: [...] *Recebei o Espírito Santo* (João 20:22). Mas eles ainda não estavam cheios do Espírito. Ainda não havia chegado a dispensação do Espírito. O consolador ainda não havia sido enviado.

A busca do Espírito Santo. Os discípulos não aguardaram a promessa do Espírito Santo passivos, mas em oração. Os 120 discípulos, entre eles os apóstolos, Maria e seus outros filhos, oraram durante dez dias após a ascensão de Cristo (Atos 1:14). Ao fim desse tempo, o Espírito Santo foi derramado sobre eles (Atos 2:1-4). Essa oração no cenáculo teve três características: primeiro, ela foi abrangente: todos eles estavam comprometidos com a busca do Espírito Santo; segundo, ela foi perseverante: todos eles perseveraram em oração, sem esmorecer; terceiro, ela foi unânime, ou seja, todos tinham um só objetivo, uma só motivação, a busca do Espírito Santo. Houve unanimidade e concordância na oração. Em todos eles havia o mesmo sentimento.

O derramamento do Espírito Santo. No dia de Pentecostes, dez dias depois da ascensão de Cristo e da oração incessante da igreja, o Espírito Santo foi derramado. Todos os discípulos ficaram cheios do Espírito Santo. Aqueles que já tinham o Espírito Santo, pois eram convertidos, agora são cheios do Espírito Santo e revestidos com poder para testemunhar. O Espírito Santo desce sobre eles em línguas como de fogo e como um vento impetuoso, e todos começam a falar as grandezas de Deus. Uma multidão se ajunta curiosa e cheia de ceticismo (Atos 2:12), preconceito (Atos 2:7) e zombaria (Atos 2:13). Embora o milagre tenha atraído a multidão, foi a pregação da Palavra que compungiu o coração do povo, e naquela manhã cerca de três mil pessoas se converteram a Cristo (Atos 2:41). A partir daí, aqueles que até então estavam trancados com medo dos judeus são trancados nas prisões por falta de medo. Aqueles que se acovardaram diante dos perigos enfrentam, agora, com galhardia, açoites, prisões e até mesmo a morte. Por terem atitudes corretas, alcançaram altitudes elevadas. Como um rastilho de pólvora, a igreja espalhou-se rapidamente, e em três décadas o evangelho de Cristo alcançou os mais vastos rincões do império romano.

A vida cheia do Espírito Santo. Depois que a igreja ficou cheia do Espírito Santo, sua vida refletiu isso, e o mundo foi impactado. A plenitude do Espírito foi percebida através da firmeza na doutrina dos apóstolos, do engajamento na oração, da comunhão fraternal, da adoração fervorosa e do testemunho irrepreensível (Atos 2:42-47). Uma igreja cheia do Espírito tem bom testemunho dos de dentro e também dos de fora. Ela cresce em conhecimento e também em graça. Ela tem a simpatia dos homens e a aprovação de Deus. Ela cresce em santidade e também em números. Ela é embaixadora de Deus na terra e promove festa no céu.

Uma igreja cheia do Espírito é irresistível. Ninguém pode deter os passos de um povo revestido com o poder do alto. Prisões não podem intimidá-la. A morte não pode fazê-la recuar. Ela avança sobranceira, triunfante e vitoriosa sobre as portas do inferno e arrebata os que outrora caminhavam para a perdição. Nada substitui a plenitude do Espírito. Podemos ter lindos templos, pastores eruditos, corais afinados, orquestras colossais, mas, sem o poder do Espírito, a igreja pode impressionar as multidões, mas jamais honrará o nome de Deus.

Capítulo 10

Abraão:
A oração importuna

Arival Dias Casimiro

> *A oração verdadeira é um inventário do que precisamos, um catálogo de necessidades, uma exposição de feridas secretas, uma revelação da pobreza escondida* (Charles H. Spurgeon).

> *Deus molda o mundo pela oração. Orações são imortais. Elas sobrevivem à vida de quem as proferiu* (E. M. Bounds).

A oração não é um dever a ser cumprido, mas um privilégio a ser desfrutado. Se você aprendeu a orar e ora, descobriu o segredo de uma vida santa e feliz. A oração é a fonte e a origem de toda satisfação espiritual, porque através dela mantemos intimidade com Deus. Irmão Lawrence diz: "Não há no mundo um tipo de vida mais doce e encantadora do que a de uma conversa contínua com Deus".[50] E. M. Bounds afirma: "A oração não deve ser considerada como um dever a ser realizado, mas, sim, como um

---

[50] Citado em <www.christianprayerquotes.net>.

privilégio a ser apreciado, uma delícia rara que está sempre revelando uma nova beleza".[51]

A oração que fazemos pelos outros é chamada de "oração intercessora". A intercessão é a forma mais sublime e perfeita de oração. Ela é uma oração altruísta, abnegada e bondosa. Ela é a maior expressão de amor que uma pessoa pode dar ou receber. Quando intercedemos por alguém, vencemos o nosso egoísmo e possibilitamos a intervenção de Deus na vida do outro. Richard J. Foster declara: "A oração intercessora é uma oração altruísta, até mesmo uma oração de autodoação. No trabalho contínuo do reino de Deus, nada é mais importante que a oração intercessora".[52]

A intercessão é uma necessidade que precisa ser atendida. Precisamos orar pelos outros e carecemos que outros orem por nós. A oração nunca é inútil: se não abençoar aquele por quem se intercede, certamente abençoará o intercessor. A oração jamais será um desperdício.

Iniciamos este livro com a oração de Abraão a favor de Sodoma. Ela é a primeira oração solene que aparece na Bíblia. Ela é um exemplo de oração que importuna Deus. Eis a narrativa bíblica:

> *Então, partiram dali aqueles homens e foram para Sodoma; porém Abraão permaneceu ainda na presença do SENHOR. E, aproximando-se a ele, disse: Destruirás o justo com o ímpio? Se houver, porventura, cinquenta justos na cidade, destruirás*

---

[51] Ibid.
[52] FOSTER, Richard J. *Oração: o refúgio da alma*. Campinas: Cristã Unida, 1966, p. 217.

Abraão:
A oração
importuna

ainda assim e não pouparás o lugar por amor dos cinquenta justos que nela se encontram? Longe de ti o fazeres tal coisa, matares o justo com o ímpio, como se o justo fosse igual ao ímpio; longe de ti. Não fará justiça o juiz de toda a terra? Então, disse o SENHOR: Se eu achar em Sodoma cinquenta justos dentro da cidade, pouparei a cidade toda por amor deles.

Disse mais Abraão: Eis que me atrevo a falar ao Senhor, eu que sou pó e cinza. Na hipótese de faltarem cinco para cinquenta justos, destruirás por isso toda a cidade? Ele respondeu: Não a destruirei se eu achar ali quarenta e cinco.

Disse-lhe ainda mais Abraão: E se, porventura, houver ali quarenta? Respondeu: Não o farei por amor dos quarenta.

Insistiu: Não se ire o Senhor, falarei ainda: Se houver, porventura, ali trinta? Respondeu o SENHOR: Não o farei se eu encontrar ali trinta. Continuou Abraão: Eis que me atrevi a falar ao Senhor: Se, porventura, houver ali vinte? Respondeu o SENHOR: Não a destruirei por amor dos vinte.

Disse ainda Abraão: Não se ire o Senhor, se lhe falo somente mais esta vez: Se, porventura, houver ali dez? Respondeu o SENHOR: Não a destruirei por amor dos dez. Tendo cessado de falar a Abraão, retirou-se o SENHOR; e Abraão voltou para o seu lugar (Gênesis 18:22-33).

Aprendemos nesta oração cinco lições importantes para a nossa vida de oração:

Orar é permanecer na presença de Deus

Os dois anjos deixaram o acampamento de Abraão e seguiram para Sodoma, mas o Senhor não. *Então, partiram dali aqueles homens e foram para Sodoma; porém Abraão permaneceu ainda na presença do SENHOR* (Gênesis 18:22). Abraão ficou em pé diante da face de Deus, porque o Senhor permaneceu com ele.

Orar é permanecer na presença de Deus, que veio ao nosso encontro. Foi o Senhor quem apareceu e permaneceu com Abraão nos carvalhais de Manre. Orar é tomar a decisão de ficar sozinho com Deus.

Que coisa extraordinária e maravilhosa! Só oramos a Deus porque ele veio a nós, por intermédio de Jesus. Deus permanece em nós e conosco, porque somos habitação do Espírito Santo. Toda oração que fazemos hoje é "no Espírito". Paulo diz: *Com toda oração e súplica, orando em todo tempo no Espírito e para isto vigiando com toda perseverança e súplica por todos os santos* (Efésios 6:18). Judas declara: *Vós, porém, amados, edificando-vos na vossa fé santíssima, orando no Espírito Santo* (Judas 20). O Espírito é quem ora em nós:

> *Também o Espírito, semelhantemente, nos assiste em nossa fraqueza; porque não sabemos orar como convém, mas o mesmo Espírito intercede por nós sobremaneira, com gemidos inexprimíveis. E aquele que sonda os corações sabe qual é a mente do Espírito, porque segundo a vontade de Deus é que ele intercede pelos santos* (Romanos 8:26,27).

James Houston resume: "A oração é nossa resposta ao interesse de Deus por nós e ao seu amor. Orar é tornar-se consciente de que o Espírito de Deus vive em nós. Por meio da oração, pois, exploramos um relacionamento mais profundo e mais íntimo com Deus".[53]

Resumindo, orar é estar na presença de Deus porque ele veio até nós. Abraão empenhou-se em

---

[53] HOUSTON, John. *Orar com Deus*. São Paulo: Abba Press, 1989, p. 35.

Abraão:
A oração importuna

chegar a Deus: *O seu príncipe procederá deles, do meio deles sairá o que há de reinar; fá-lo-ei aproximar, e ele se chegará a mim; pois quem de si mesmo ousaria aproximar-se de mim? – diz o S*ENHOR (Jeremias 30:21).

Orar é conversar com Deus baseado naquilo que ele nos revela

Orar é conversar com Deus. Abraão ouve Deus e resolve conversar com ele. *Disse o S*ENHOR*: Ocultarei a Abraão o que estou para fazer, visto que Abraão certamente virá a ser uma grande e poderosa nação, e nele serão benditas todas as nações da terra?* (Gênesis 18:17,18). Deus destruirá as cidades de Sodoma e Gomorra. Mas, antes que isso aconteça, ele deseja compartilhar o seu plano e a sua vontade com Abraão. O patriarca Abraão é tratado como um profeta, que recebia a revelação divina. Amós disse: *Certamente, o S*ENHOR *Deus não fará coisa alguma, sem primeiro revelar o seu segredo aos seus servos, os profetas* (Amós 3:7).

Abraão foi um homem de fé, pai de todos nós, que cremos hoje (Romanos 4:16; Gálatas 3:7,29). Ele tinha um relacionamento íntimo e constante com Deus, através da oração. Por isso, Deus o chamou de "amigo": *Mas tu, ó Israel, servo meu, tu, Jacó, a quem elegi, descendente de Abraão, meu amigo* (Isaías 41:8). Ser amigo de Deus significa desfrutar da sua amizade e conhecer os seus planos. Jesus disse a seus discípulos: *Já não vos chamo servos, porque o servo não sabe o que faz o seu senhor; mas tenho-vos chamado amigos, porque tudo quanto ouvi de meu Pai vos tenho dado a conhecer* (João 15:15).

Assim como o templo de Jerusalém é chamado de "Casa de Oração", a Bíblia é o "Livro de Oração". Ela ordena o homem a orar, orienta-o a como orar e registra suas orações. Devemos orar a Palavra, porque ela é o conteúdo da nossa fé. Jesus nos assegura: *Se permanecerdes em mim, e as minhas palavras permanecerem em vós, pedireis o que quiserdes, e vos será feito* (João 15:7).

Abraão sabia quão depravada era a cidade de Sodoma: *Ora, os homens de Sodoma eram maus e grandes pecadores contra o SENHOR* (Gênesis 13:13). Ele sabia também que a prática da iniquidade tinha uma medida perante Deus: *Na quarta geração, tornarão para aqui; porque não se encheu ainda a medida da iniquidade dos amorreus* (Gênesis 15:16). A iniquidade de Sodoma chegou ao limite perante Deus. O seu juízo era iminente, a sua sentença foi proclamada e a sua punição era certa.

A palavra de Deus é infalível, e os seus planos não podem ser frustrados. E é por causa do conhecimento da revelação de Deus que Abraão é motivado a orar. Quando o crente se importa com o que Deus fala em sua Palavra, Deus considera aquilo que o crente fala com ele na oração. A grande preocupação de Abraão era com o seu sobrinho Ló que residia em Sodoma. E, antes de Deus enviar o seu juízo sobre aquela cidade, Abraão luta com Deus, em oração, para que os justos daquela cidade sejam preservados. Matthew Henry resume:

> *A comunhão com Deus é mantida pela palavra e pela oração. Na palavra, Deus fala conosco. Na oração, nós falamos com ele. Deus tinha revelado a Abraão as suas intenções a respeito de Sodoma.*

Com base nisso, Abraão aproveita a oportunidade para falar com ele, a favor de Sodoma.⁵⁴

Orar é pedir confiado no caráter de Deus

Abraão orou confiado no caráter de Deus.

> E, aproximando-se a ele, disse: Destruirás o justo com o ímpio? Se houver, porventura, cinquenta justos na cidade, destruirás ainda assim e não pouparás o lugar por amor dos cinquenta justos que nela se encontram? Longe de ti o fazeres tal coisa, matares o justo com o ímpio, como se o justo fosse igual ao ímpio; longe de ti. Não fará justiça o juiz de toda a terra? (Gênesis 18:23-25).

Como um Deus justo pode tratar as pessoas justas da mesma maneira que o ímpio? A resposta é: ele não pode! A oração de Abraão baseia-se na justiça de Deus. Ele estava convencido de que havia pelo menos dez crentes naquela cidade e, sendo Deus justo e santo, jamais destruiria justos com perversos. Com certeza Deus teria poupado Sodoma se os anjos tivessem encontrado ali dez pessoas crentes. Somente Ló e suas duas filhas foram salvas.

Devemos orar sempre baseados no caráter de Deus. Quem Deus é motiva-nos a orar e pedir. Abraão reconhece Deus como "Juiz do mundo ou de toda a terra". A Bíblia diz que Deus é o *juiz de todos* (Hebreus 12:23). Seguindo o raciocínio de J. I. Packer, o conceito de juiz envolve quatro ideias:⁵⁵

---

⁵⁴ HENRY, Matthew. *Comentário bíblico: Antigo Testamento*. Vol. I. Rio de Janeiro: CPAD, 2008, p:18.
⁵⁵ PACKER, J. I. *O conhecimento de Deus*. Trad. Cleide Wolf. São Paulo: Mundo Cristão, 2005, p. 170-171.

1) O juiz é alguém que possui autoridade. Deus é o criador, o salvador e o Senhor. Ele reina de forma soberana, com autoridade para legislar e julgar.

2) O juiz é alguém que se identifica com o que é bom e certo. Deus ama a justiça e abomina a injustiça. Ele julga com justiça e equidade. As acusações contra Sodoma e Gomorra eram tão graves que Deus resolveu investigá-las pessoalmente. A palavra "sodomia" é sinônimo de práticas sexuais contrárias à natureza (Gênesis 19:5; Romanos 1:27; Judas 7).

3) O juiz é alguém com sabedoria para discernir a verdade. Somente Deus conhece o interior dos homens. Somente ele é competente para apurar os fatos e as motivações do coração.

4) O juiz é alguém com poder para executar a sentença. Ele analisa, julga e faz cumprir a sentença.

A destruição de Sodoma e Gomorra é registrada na Bíblia como um grande exemplo do justo juízo de Deus contra o pecado (cf. Isaías 1:9 e 3:9; 2Pedro 2:6-11). Trata-se de um modelo ou de um padrão divino de retribuição para todas as gerações. Jesus declara: *O mesmo aconteceu nos dias de Ló: comiam, bebiam, compravam, vendiam, plantavam e edificavam; mas, no dia em que Ló saiu de Sodoma, choveu do céu fogo e enxofre e destruiu todos. Assim será no dia em que o Filho do homem se manifestar* (Lucas 17:28-30). Deus envia uma mensagem para as gerações futuras que ele jamais tomará o culpado por inocente e que toda iniquidade resulta em justa punição. Deus é imutável em seu caráter, e a sua palavra jamais passará.

Orar é importunar Deus com nossos pedidos

A oração importuna é uma ação decisiva, intencional e fervorosa em direção a Deus. Importunação compreende intensidade, firmeza de propósito e perseverança. E. M. Bounds diz: "As intercessões repetidas de Abraão para a salvação de Sodoma e Gomorra apresentam um dos primeiros exemplos da necessidade e vantagem decorrente da oração importuna". Abraão intercede a Deus pelos moradores de Sodoma de uma forma insistente. A narrativa textual revela que Abraão importunou Deus. Ele "permaneceu" e se "aproximou" do Senhor (Gênesis 18:22,23). Ele ora a Deus de maneira "atrevida ou ousada" (Gênesis 18:27), "insistente" (Gênesis 18:30), "contínua" (Gênesis 18:31) e "importuna" (Gênesis 18:32).

Jesus ensina-nos a orar desta maneira:

> Disse-lhes ainda Jesus: Qual dentre vós, tendo um amigo, e este for procurá-lo à meia-noite e lhe disser: Amigo, empresta-me três pães, pois um meu amigo, chegando de viagem, procurou-me, e eu nada tenho que lhe oferecer. E o outro lhe responda lá de dentro, dizendo: Não me importunes; a porta já está fechada, e os meus filhos comigo também já estão deitados. Não posso levantar-me para tos dar; digo-vos que, se não se levantar para dar-lhos por ser seu amigo, todavia, o fará por causa da importunação e lhe dará tudo o de que tiver necessidade (Lucas 11:5-8).

Cinco características da oração intercessora: 1) Ela brota de uma necessidade urgente. Ele precisa de pão para si e para o seu amigo, que chegou sem avisar. Abraão ora ao saber que Deus vai julgar os moradores daquelas cidades, e o seu sobrinho Ló reside ali. Os dois anjos já foram para Sodoma para executar a sentença divina. 2) Ela revela impotência. O amigo diz ao outro que nada tinha para oferecer a seu hóspede: [...] *e eu nada tenho que lhe oferecer*[...] O senso da nossa impotência é o cerne da nossa oração. Abraão se reconhece como "pó e cinza" diante de Deus e da sua decisão de punir as cidades (Gênesis 18:27). 3) Ela é motivada pelo amor. O amigo se sacrifica pelo outro, saindo à meia-noite para conseguir pão. O intercessor se sacrifica pelo outro, tal como Abraão luta com Deus por causa de Ló. O amor de Abraão por seu sobrinho o fez um intercessor importuno. O amor aos outros gera intercessores. 4) Ela é alimentada pela fé. O amigo vai à casa do outro pedir pão, porque sabia que podia contar com ele. Cremos que Deus nos dará tudo de que precisamos. Abraão era um homem de fé e que vivia pela fé. Ele cria que Deus poderia salvar Ló, por isso orou ao amigo. 5) Ela é importuna. Jesus garante: [...] *o fará por causa da importunação e lhe dará tudo o de que tiver necessidade*. Abraão importunou Deus pela salvação de familiares. Ele foi perseverante, determinado e intenso naquilo que precisava de Deus. Devemos pedir, buscar e bater até que a bênção seja recebida.

Orar é esperar a resposta de Deus

Deus não encontrou dez justos em Sodoma, por isso resolveu destruí-la. *Então, fez o SENHOR chover enxofre e fogo, da parte do SENHOR, sobre Sodoma e Gomorra. E*

Abraão:
A oração importuna

subverteu aquelas cidades, e toda a campina, e todos os moradores das cidades, e o que nascia na terra (Gênesis 19:24,25). Observe três detalhes: primeiro, Deus foi o autor pessoal dessa punição. Foi ele que "fez chover" enxofre e fogo do céu sobre as cidades. Ele é o juiz que julga, condena e executa a sentença. Segundo, a destruição foi total e abrangente. Deus destruiu as cidades ou todos os bens materiais, todos os moradores ou pessoas e toda a vegetação. Terceiro, o instrumento da punição foi uma chuva de enxofre e fogo. Tais elementos são usados para descrever o juízo temporal e a punição eterna de Deus para o diabo e os seus seguidores: *O diabo, o sedutor deles, foi lançado para dentro do lago de fogo e enxofre, onde já se encontram não só a besta como também o falso profeta; e serão atormentados de dia e de noite, pelos séculos dos séculos* (Apocalipse 20:10). *Quanto, porém, aos covardes, aos incrédulos, aos abomináveis, aos assassinos, aos impuros, aos feiticeiros, aos idólatras e a todos os mentirosos, a parte que lhes cabe será no lago que arde com fogo e enxofre, a saber, a segunda morte* (Apocalipse 21:8).

A oração é a mãe da esperança. Quem ora, aguarda com grandes expectativas. Abraão orou e aguardou uma resposta de Deus. Ele acorda de madrugada e vai para o lugar onde estivera na presença do Senhor. Dali, contempla a fumaça que subia dos lugares onde existiam as cidades. Mas algo extraordinário aconteceu: *Ao tempo que destruía as cidades da campina, lembrou-se Deus de Abraão e tirou a Ló do meio das ruínas, quando subverteu as cidades em que Ló habitara* (Gênesis 19:29). A expressão "lembrou-se Deus" indica que o Senhor ouviu a oração do seu amigo Abraão. Ló foi salvo, e as cidades foram destruídas. O registro bíblico diz: *Saía o sol sobre a terra, quando Ló entrou em Zoar* (Gênesis 19:23). Com "graciosa violência", o anjo arrancou Ló de Sodoma, permitindo que ele se refugiasse em Zoar. A destruição de Sodoma só aconteceu depois que Ló ficou em segurança. O anjo disse a ele: *Apressa-te, refugia-te nela; pois nada posso fazer, enquanto não tiveres chegado lá. Por isso, se chamou Zoar o nome da cidade* (Gênesis 19:22).

Deus atendeu ao pedido do seu amigo. E toda oração respondida por Deus nutre e aumenta o amor de quem ora. O salmista Davi declara: *Amo o SENHOR porque ele ouve a minha voz e as minhas súplicas* (Salmos 116:1). O amor de Abraão por Deus aumentava a cada dia. A cada prova que o "velho amigo" era submetido, a sua amizade com Deus aprofundava-se. Eles se admiravam mutuamente. Por isso, Deus diz a Israel: *Olhai para Abraão, vosso pai, e para Sara, que vos deu à luz; porque era ele único, quando eu o chamei, o abençoei e o multipliquei* (Isaías 51:2). A expressão "olhai para Abraão" indica que o patriarca era um modelo espiritual a ser seguido.

Concluindo, desafiamos você a ser um intercessor importuno. Inspire-se em Abraão, o pai de todos os crentes. Quando você orar, lembre-se de cinco verdades: o seu conhecimento de Deus o fará ousado no pedir; a sabedoria de Deus sabe o que é bom para você; o amor de Deus quer o melhor para você; a graça de Deus lhe dará aquilo que você não merece, mas necessita; o poder de Deus garantirá que tudo será realizado.

Capítulo 11

Jacó:
Oração--modelo

Arival Dias Casimiro

A oração é o anseio da alma para manter comunhão com o Altíssimo, o desejo do coração para receber as bênçãos de suas mãos (Charles Spurgeon).

Tenho sido impulsionado muitas vezes de joelhos pela esmagadora convicção de que eu não tinha absolutamente nenhum outro lugar para ir (Abraham Lincoln).

A oração deve ser prioridade na vida do cristão. Se um cristão não ora, a sua vida é improdutiva e a sua influência é inexpressiva. A oração no coração é a prova da verdadeira conversão. Ninguém jamais crescerá na graça e no conhecimento de Deus se desprezar a oração. Somente por meio da oração, a impotência humana é substituída pela onipotência divina, a loucura humana é superada pela sabedoria divina, e a fraqueza humana é vencida pelo poder de Deus. Somente quando dependemos da oração, obtemos o que Deus pode realizar.

Precisamos orar, mas, infelizmente, oramos pouco. As nossas preces são escassas e superficiais. Não temos o hábito e a disciplina de orar diariamente como deveríamos. Aponto algumas razões básicas de orarmos tão pouco:

- Nascemos e crescemos num ambiente familiar e de igreja sem oração. Onde não se ora, não se ensina e não se aprende a orar.
- Fracassamos na vida pessoal e diária de oração. Começamos a orar, mas nunca perseveramos. Falta disciplina e determinação da nossa parte.
- Ainda que sintamos a necessidade, desconhecemos totalmente o poder da oração. Não sabemos o que a oração pode realizar ou proporcionar.
- Não temos líderes que sejam referências ou modelos de oração. Temos grandes pregadores e professores, mas não temos "homens de oração".
- Orgulho e soberba espiritual. Oração é o reconhecimento de que não somos capazes de resolver sozinhos.
- Ausência de experiências com Deus na oração. Quem não ora não experimenta os milagres de Deus.
- Obstáculos colocados por Satanás.

Na vida, o sofrimento é a maior fonte motivadora da oração. Quem sofre, ora. É muito difícil orar

Jacó:
Oração-
-modelo

quando tudo vai bem e a carne está satisfeita. Mas, quando chegam os problemas, as aflições, as dificuldades e os sofrimentos, somos impulsionados a orar. A Palavra de Deus recomenda: *Está alguém entre vós sofrendo? Faça oração[...]* (Tiago 5:13). Jacó vive um momento complicado da sua vida. Ele terá que enfrentar o seu irmão Esaú, alguém que ele havia enganado e roubado havia mais de vinte anos. Ele estava jurado de morte por seu irmão, e o seu fim estava próximo. A narrativa começa assim: *Também Jacó seguiu o seu caminho, e anjos de Deus lhe saíram a encontrá-lo. Quando os viu, disse: Este é o acampamento de Deus. E chamou àquele lugar Maanaim* (Gênesis 32:1,2). Jacó teve três encontros com anjos: Betel (28:19), Maanaim (Gênesis 32:2) e Peniel (32:30). Ele era um eleito de Deus, apesar de todos os seus erros. O Todo-poderoso estava no seu encalço. O Senhor não desistira dele, porque o amava de forma incondicional. Jacó, mesmo acompanhado de anjos, usa estratégias humanas:

> *Então, Jacó enviou mensageiros adiante de si a Esaú, seu irmão, à terra de Seir, território de Edom, e lhes ordenou: Assim falareis a meu senhor Esaú: Teu servo Jacó manda dizer isto: Como peregrino morei com Labão, em cuja companhia fiquei até agora. Tenho bois, jumentos, rebanhos, servos e servas; mando comunicá-lo a meu senhor, para lograr mercê à sua presença* (Gênesis 32:3-5).

Os mensageiros voltaram a Jacó informando-lhe que Esaú com mais quatrocentos homens marchavam ao seu encontro. Então, Jacó foi tomado pelo medo e ficou profundamente perturbado. Ele divide a sua caravana em dois grupos: *Então, Jacó teve medo e se perturbou; dividiu em dois bandos o povo que com ele estava, e os rebanhos, e os bois, e os camelos. Pois disse: Se vier Esaú a um bando e o ferir, o outro bando escapará* (Gênesis 32:7,8). Diante dessa situação de ameaça de morte e destruição, Jacó faz uma oração:

> ...*Deus de meu pai Abraão e Deus de meu pai Isaque, ó SENHOR, que me disseste: Torna à tua terra e à tua parentela, e te farei bem; sou indigno de todas as misericórdias e de toda a fidelidade que tens usado para com teu servo; pois com apenas o meu cajado atravessei este Jordão; já agora sou dois bandos. Livra-me das mãos de meu irmão Esaú, porque eu o temo, para que não venha ele matar-me e as mães com os filhos. E disseste: Certamente eu te farei bem e dar-te-ei a descendência como a areia do mar, que, pela multidão, não se pode contar* (Gênesis 32:9-12).

Essa oração de Jacó tem muito a nos ensinar. Charles H. Spurgeon a considera uma "oração-modelo". Trata-se de um padrão que deve modelar as nossas orações. Se a oração do Pai-nosso é o modelo de oração estabelecido por Cristo para os seus filhos ou para os súditos do reino de Deus, a oração de Jacó foi um modelo para os crentes do Antigo Testamento. Com base nessa ideia de oração-modelo, apresento-lhe algumas características dessa oração:

Devemos orar ao Deus da aliança

Toda oração deve ser dirigida a Deus. Jacó ora a "Elohim", o Deus Todo-poderoso, criador do universo. O Deus de Jacó é "Javé", o Deus da aliança, imutável, fiel, misericordioso e que se revela a seus filhos. *A ênfase de Jacó é lembrar Deus da aliança feita com Abraão.* Gênesis 32:9 diz: [...] *Deus de meu pai Abraão e Deus de meu pai Isaque*[...] Quando Jacó saiu de casa com destino a Padã-Arã, ele foi abençoado por Isaque, seu pai: *Deus Todo-poderoso te abençoe, e te faça fecundo, e te multiplique para que venhas a ser uma multidão de povos; e te dê a bênção de Abraão, a ti e à tua descendência contigo, para que possuas a terra de tuas peregrinações, concedida por Deus a Abraão* (Gênesis 28:3,4). A "bênção de Abraão" é a "bênção da aliança" (Gênesis 12:1-3). Essa mesma bênção é revelada a Jacó, em sonho, em Betel:

> Perto dele estava o SENHOR e lhe disse: *Eu sou o SENHOR, Deus de Abraão, teu pai, e Deus de Isaque. A terra em que agora estás deitado, eu ta darei, a ti e à tua descendência. A tua descendência será como o pó da terra; estender-te-ás para o Ocidente e para o Oriente, para o Norte e para o Sul. Em ti e na tua descendência serão abençoadas todas as famílias da terra* (Gênesis 28:13,14).

Precisamos aprender que Deus se relaciona com o homem através de alianças. Se as alianças não existissem, jamais poderíamos ter contato ou relacionamento com Deus. A nossa salvação depende da aliança e se baseia nela. O conceito bíblico de "aliança" baseia-se na palavra *berith* (hebraico) e *diatheke* (grego), com o sentido básico de "prender" ou "amarrar". Uma aliança amarrava as partes envolvidas, em direitos e deveres, benefícios e punições. Wayne Grudem define: "Uma aliança é um acordo imutável e divinamente imposto entre Deus e o homem, que estipula as condições do relacionamento entre as partes".[56] Mas por que Deus faz aliança com os homens? Para possibilitar

---

[56] GRUDEM, Wayne. *Teologia sistemática: atual e exaustiva*. 2. ed. São Paulo: Vida Nova, 2010, p. 425.

um relacionamento exclusivo; para expressar a sua vontade e os seus planos; para abençoar as pessoas envolvidas; para dar garantias ao homem.

Todos os crentes hoje se relacionam com Deus sob a nova aliança. Jesus é o mediador dessa aliança, baseada no seu sangue ou no seu sacrifício. *Semelhantemente, depois de cear, tomou o cálice, dizendo: Este é o cálice da nova aliança no meu sangue derramado em favor de vós* (Lucas 22:20). O mais surpreendente é que a nova aliança é a mesma que Deus fez com Abraão. É a aliança da graça.

É o caso de Abraão, que creu em Deus, e isso lhe foi imputado para justiça. Sabei, pois, que os da fé é que são filhos de Abraão. Ora, tendo *a Escritura previsto que Deus justificaria pela fé os gentios, preanunciou o evangelho a Abraão: Em ti, serão abençoados todos os povos. De modo que os da fé são abençoados com o crente Abraão* (Gálatas 3:6-9).

Jesus Cristo morreu na cruz, em nosso lugar, para que a bênção da aliança chegasse até nós:

> *Cristo nos resgatou da maldição da lei, fazendo-se ele próprio maldição em nosso lugar, porque está escrito: Maldito todo aquele que for pendurado em madeiro; para que a bênção de Abraão chegasse aos gentios, em Jesus Cristo, a fim de que recebêssemos, pela fé, o Espírito prometido* (Gálatas 3:13,14).

Por causa da aliança da graça, revelada a Abraão e concretizada por Jesus, podemos chamar Deus de Pai, pois recebemos o Espírito da adoção. *Porque não recebestes o espírito de escravidão, para viverdes, outra vez, atemorizados, mas recebestes o espírito de adoção, baseados no qual clamamos: Aba, Pai* (Romanos 8:15).

Somos filhos e herdeiros de Deus, em Cristo Jesus. Somos descendentes espirituais de Abraão e herdeiros de todas as promessas: *E, se sois de Cristo, também sois descendentes de Abraão e herdeiros segundo a promessa* (Gálatas 3:29). *Por causa da nossa posição, em Cristo, temos acesso a todas as promessas de Deus.* Segunda aos Coríntios 1:20 diz: *Porque quantas são as promessas de Deus, tantas têm nele o sim; porquanto também por ele é o amém para glória de Deus, por nosso intermédio.*

A oração é um privilégio daqueles que estão sob a aliança da graça. Devemos orar sempre conscientes de que estamos sob a aliança da graça de Deus. A oração é um poderoso meio de graça, exclusivo dos filhos de Deus. Somente os filhos da aliança podem se dirigir ao Pai, em espírito e em nome de Jesus. E a promessa que temos é: *E tudo quanto pedirdes em meu nome, isso farei, a fim de que o Pai seja glorificado no Filho* (João 14:13).

Devemos orar em obediência a Deus

Jacó diz a Deus que se encontrava naquela situação porque obedeceu à ordem de Deus: [...] *torna à tua terra e à tua parentela, e te farei bem* (Gênesis 32:9). Ele ora a Deus sob a condição de obediência. Jacó, apesar de todos os seus erros e defeitos, era um eleito de Deus. Mesmo com todas as suas fraquezas e limitações, buscava a direção de Deus para a sua vida. Ele temia o Senhor. Deus disse a ele, em Betel: *Eis que eu estou contigo, e te guardarei por onde quer que fores, e te farei voltar a esta terra, porque te não desampararei, até cumprir eu aquilo que te hei referido* (Gênesis 28:15). Ele foi para Padã-Arã com a companhia e a proteção de Deus, certo de que um dia Deus o traria de volta para a terra de seus pais. Cerca de vinte anos se passaram, e Jacó foi abençoado por Deus com família e bens materiais. Então, recebe uma orientação de Deus: *E disse o Senhor a Jacó: Torna à terra de teus pais e à tua parentela; e eu serei contigo* (Gênesis 31:3). Ele reúne a sua família e comunica a decisão de voltar para a sua terra. O seu argumento maior foi a ordem do Senhor: *Eu sou o Deus de Betel, onde ungiste uma coluna, onde me fizeste um voto; levanta-te agora, sai desta terra e volta para a terra de tua parentela* (Gênesis 31:13). O mesmo anjo que aparecera a Jacó, em Betel, é o mesmo que lhe aparece agora. Deus conduzia a vida de Jacó, assim como conduz a vida de todos os seus filhos.

Jacó se encontra diante de uma ameaça real: a vingança de seu irmão Esaú. Mas ele está nessa situação porque obedeceu à palavra de Deus. O seu argumento na oração é a sua obediência. Não faz sentido orar pedindo livramento de Deus para o futuro se não obedecemos ao que ele pede agora. Faça o que Deus lhe pede agora, e ele cuidará do seu futuro.

Jesus disse: *Se permanecerdes em mim, e as minhas palavras permanecerem em vós, pedireis o que quiserdes, e vos será feito* (João 15:7). Essa maravilhosa promessa ensina-nos que a resposta à oração depende do lugar que a Palavra de Deus ocupa na nossa vida. A resposta de oração é prometida aos que permanecem nele e em cujo coração a sua palavra reina de forma permanente. F. F. Bruce comenta: "A fé em Jesus e a aceitação das suas palavras iniciam uma união com ele pela qual sua vida e poder eternos estão para sempre a dispor do crente".[57] Precisamos aprender a orar e sob a palavra de Deus. A obediência é a medida da nossa espiritualidade. Meça a sua fé pela sua obediência. A fé sem obras é morta (Tiago 2:20). Avalie a sua consagração pela sua obediência. Obedecer é melhor do que sacrificar (1Samuel 15:22).

A oração é um meio de relacionamento pessoal com Deus. A Bíblia ensina que qualquer coisa na nossa vida que desobedeça à vontade de Deus será um obstáculo para a oração. *Se eu no coração contemplara a vaidade, o Senhor não me teria ouvido* (Salmos 66:18). A obediência e o desejo de agradar a Deus tornam a oração mais eficaz (Provérbios 15:8; Tiago 4:3,4; 1Pedro 3:7).

Devemos orar com humildade e gratidão

Jacó reconhece: *sou indigno de todas as misericórdias e de toda a fidelidade que tens usado para com teu servo*[...] (Gênesis 32:10). Orar é humilhar-se. A humildade é a alma da oração. Jacó se humilha e se quebranta diante de Deus. John Murray diz:

> Humildade não é algo que apresentamos a Deus ou que ele concede; é simplesmente o senso do completo nada-ser que vem quando vemos como Deus verdadeiramente é tudo, e no qual damos caminho a Deus para ser tudo.[58]

---

[57] BRUCE, F. F. *João: introdução e comentário*. São Paulo: Vida Nova, 2007, p. 265.
[58] MURRAY, Andrew. *Humildade: a beleza da santidade*. São Paulo: Editora dos Clássicos, 2009, p. 21.

O orgulho é a essência de todo pecado, porque ele exalta o coração humano contra Deus, disputando por supremacia. Deus não suporta ver as pessoas tentando usurpar a sua glória. Deus resiste aos soberbos. Deus estabelece a humildade como a raiz de toda a virtude e o orgulho como a raiz de todo pecado e maldade. Ser humilde é uma bem-aventurança: *Bem-aventurados os humildes de espírito, porque deles é o reino dos céus* (Mateus 5:3). Ser orgulhoso é uma abominação: *Abominável é ao Senhor todo arrogante de coração; é evidente que não ficará impune* (Provérbios 16:5). A recompensa do humilde é o reino dos céus, mas o salário do orgulhoso é a punição divina.

C. J. Mahaney diz que uma das maneiras de cultivar a humildade e enfraquecer o orgulho é estudar os atributos de Deus.[59] Penso que a oração é a melhor maneira de combater o orgulho e nutrir a humildade. E a maneira correta de orar é começando pelos atributos de Deus. Na sua oração, Jacó destaca dois atributos de Deus: misericórdia e fidelidade. A misericórdia é quando Deus não nos dá aquilo que merecemos. É o sentimento que há no coração divino pelas nossas misérias e fraquezas. Quando Jacó olha para si, para a sua natureza pecaminosa e elenca todas as suas falcatruas, ele ora: "sou indigno de todas as misericórdias". As misericórdias de Deus são a causa de não sermos consumidos. O outro atributo citado por Jacó em sua oração é a fidelidade de Deus. Mas o que é a

---

[59] Mahaney, C. J. *Humildade: verdadeira grandeza*. São José dos Campos: Fiel, 2011, p. 73-75.

fidelidade divina? É a integridade e imutabilidade do seu ser, na sua palavra, nas suas promessas e nas suas alianças. Jacó era um enganador, mas Deus é verdadeiro. Somos infiéis, mas ele permanece fiel. Deus não pode negar a si mesmo. Deus abençoou Jacó, apesar de todos os seus pecados, porque era fiel a si mesmo e à aliança que havia feito com Abraão (Gênesis 15).

A humildade é a mãe da gratidão. Onde há um coração humilde, ali existe gratidão. Jacó reconhece e agradece: [...] *pois com apenas o meu cajado atravessei este Jordão; já agora sou dois bandos* (Gênesis 32:10). Gratidão é admitir que recebemos algo gratificante e reconhecer o doador. Quando sou grato, reconheço que recebi uma dádiva, o valor que ela tem e as intenções do doador. Jacó volta rico para sua terra, com muitos animais e trabalhadores (Gênesis 32:5). Ele possui duas esposas (Lia e Raquel), onze filhos e uma filha (Gênesis 32:22). Ele é um homem abençoado por Deus.

A gratidão se expressa a Deus através da oração. Devemos oferecer a Deus sacrifícios de ações de graças (Salmos 50:14). A gratidão é a mais sublime das orações. Paulo exorta-nos: *Antes de tudo, pois, exorto que se use a prática de súplicas, orações, intercessões, ações de graças, em favor de todos os homens* (1Timóteo 2:1). John Baillie diz: "O verdadeiro cristão é aquele que nunca se esquece, nem por um momento, do que Deus fez por ele em Cristo, e cujos comportamentos e atos se originam do sentimento de gratidão". A gratidão é um sinal da verdadeira espiritualidade.

Devemos orar de forma objetiva e específica

Jacó tinha uma necessidade e ele a coloca de forma clara perante Deus: *Livra-me das mãos de meu irmão Esaú, porque eu o temo, para que não venha ele matar-me e as mães com os filhos* (Gênesis 32:11). Observe a objetividade de Jacó: 1) O seu pedido: *livra-me das mãos de meu irmão Esaú*. 2) O seu estado: *porque eu o temo*. 3) A sua preocupação: *para que não venha ele matar-me e as mães com os filhos*.

Deus conhece as nossas necessidades antes de orarmos. Mas ele deseja que verbalizemos pela oração aquilo que desejamos. Esdras relata uma necessidade específica que foi posta diante de Deus pelo jejum e oração: *Então, apregoei ali um jejum junto ao rio Aava, para nos humilharmos perante o nosso Deus, para lhe pedirmos jornada feliz para nós, para nossos filhos e para tudo o que era nosso* (Esdras 8:21). Foi um clamor coletivo pela necessidade específica de proteção: *Nós, pois, jejuamos e pedimos isto ao nosso Deus, e ele nos atendeu* (Esdras 8:23). Observe o detalhe: "pedimos isto". Se desejamos respostas específicas, precisamos orar especificamente. Se você ora pedindo de forma genérica, como saberá se a sua oração foi respondida? Jesus disse: *Qual dentre vós é o pai que, se o filho lhe pedir [pão, lhe dará uma pedra? Ou se pedir] um peixe, lhe dará em lugar de peixe uma cobra? Ou, se lhe pedir um ovo lhe dará um escorpião?* (Lucas 11:11,12). Observe que o pedido específico gera uma resposta específica. O cego Bartimeu clamou a Jesus: "Filho de Davi, tem misericórdia de mim!" Jesus parou e o chamou: "Que queres que eu te faça?" De que ato de misericórdia você está precisando? O que você quer dizer com a palavra "misericórdia"? O cego respondeu de forma objetiva e específica: "Que eu torne a ver". E Jesus respondeu ao seu pedido, e ele imediatamente tornou a ver.

Orar objetivamente revela inteligência espiritual. Por isso, Jacó lembra a Deus a promessa que lhe foi feita: *E disseste: Certamente eu te farei bem e dar-te-ei a descendência como a areia do mar, que, pela multidão, não se pode contar* (Gênesis 32:12). Quando oramos baseados em uma promessa, a resposta está garantida de antemão. C. H. Lenski diz:

> *Uma promessa de Deus é melhor que qualquer título ou ordem de pagamento fornecida por qualquer banco ou instituição financeira, ou mesmo o mais estável dos governos, pois qualquer um destes pode se negar a reconhecer a dívida; mas Deus nunca faz isso.*[60]

Concluímos este capítulo destacando que Deus respondeu à oração de Jacó. Primeiro, Deus respondeu mudando o coração de Jacó, em Peniel (Gênesis 32:26-30). Deus foi ao seu encontro e o transformou. Ele deixa de ser Jacó (usurpador) e passa a ser Israel (um homem governado por Deus). Segundo, Deus respondeu mudando o coração de Esaú: *Então, Esaú correu-lhe ao encontro e o abraçou; arrojou-se-lhe ao pescoço e o beijou; e choraram* (Gênesis 33:4). Tal atitude de Esaú revela que houve uma mudança interior. O ódio foi substituído pelo amor, e o ressentimento, pelo perdão.

---

[60] Citado em <www.christianprayerquotes.net>.

Deus atendeu à oração de Jacó, porque ele orou. Deus atende às nossas orações hoje, se orarmos como Jacó. O salmista proclama: *Bendito seja Deus, que não me rejeita a oração, nem aparta de mim a sua graça* (Salmos 66:20). Clame ao Senhor! Ele livrará você de todo medo e de toda angústia.

Capítulo 12

Ezequias:
A oração que glorifica a Deus

Arival Dias Casimiro

A glória de Deus é a infinita beleza e grandeza de suas múltiplas perfeições (John Piper).

O homem justo empenha-se em oração com Deus e conquista, ou seja, Deus conquista (Sören Kierkegaard).

A oração gera bênçãos que precisamos, e somente Deus pode nos dar. A oração produz resultados, e somente Deus deve ser glorificado. O propósito de toda oração respondida é promover a glória de Deus. Jesus disse: *E tudo quanto pedirdes em meu nome, isso farei, a fim de que o Pai seja glorificado no Filho* (João 14:13). A palavra "glorificado" (*doksadzo*) significa "atribuir glória" ou "tornar o caráter e os atributos divinos manifestos e gloriosos" (João 12:28; 13:31,32; 17:1,4). É para esse fim que Jesus responde a todas as nossas orações. A glória do Pai deve ser o objetivo da nossa oração. Os melhores argumentos na oração são aqueles que defendem e proclamam a glória e a honra de Deus. Por isso, a oração que Jesus nos ensinou começa com "santificado seja o teu nome" e termina com "pois teu é o reino, o poder e a glória para sempre".

Toda resposta de oração tem o propósito de promover a glória de Deus, mas em muitos casos isso fica escondido ou restrito apenas à pessoa que orou e a Deus, que respondeu (Mateus 6:6). Portanto, uso esse título "A oração que glorifica a Deus" para identificar e motivar aquelas orações cujas respostas revelam a glória de Deus de forma clara e evidente. Por exemplo, no caso da vitória de Josafá sobre Moabe e Amom. *Veio da parte de Deus o terror sobre todos os reinos daquelas terras, quando ouviram que o Senhor havia pelejado contra os inimigos de Israel* (2Crônicas 20:29). Essa foi uma situação em que Deus revelou a sua glória ajudando o povo de Israel e não pedindo a sua ajuda. Todos ficaram sabendo que foi o Senhor que fez, por amor à sua glória, e não porque eles mereciam. Não há como esconder ou negar que foi o Senhor que agiu.

Ezequias foi um homem de oração, e as suas preces ilustram como Deus foi glorificado em sua vida. Ele foi o décimo segundo rei de Judá (Reino do Sul). Ele governou por vinte e nove anos, de 715 a 687 a.C. Ele começou a reinar com 25 anos de idade. Era filho do rei Acaz, e sua mãe se chamava Abi, filha de Zacarias. Ele nasceu em 736 a.C., e o seu nome significa "Deus é a minha força".[61] A sua história está registrada em três lugares na Bíblia: 2Reis

---

[61] CHAMPLIN, Russell Norman. *O Antigo Testamento interpretado: comentário versículo por versículo*. Vol. 6. 2. ed. São Paulo: Hagnos, 2001, p. 4297-4298.

18–20; 2Crônicas 29–32; Isaías 35–39. Os profetas Isaías, Miqueias, Naum e Oseias foram seus contemporâneos. Ele foi um rei piedoso e fez o que era reto diante de Deus.

> *Confiou no S*ENHOR*, Deus de Israel, de maneira que depois dele não houve seu semelhante entre todos os reis de Judá, nem entre os que foram antes dele. Porque se apegou ao S*ENHOR*, não deixou de segui-lo e guardou os mandamentos que o S*ENHOR *ordenara a Moisés* (2Reis 18:5,6).

Ele reformou e purificou o templo reabrindo-o ao público. Restaurou o culto a Deus no templo, estabeleceu o ministério dos levitas e promoveu a celebração da Páscoa. Ele destruiu os altares da idolatria e despedaçou a serpente de bronze fabricada por Moisés, que havia se transformado em um objeto de adoração:

> *Removeu os altos, quebrou as colunas e deitou abaixo o poste-ídolo; e fez em pedaços a serpente de bronze que Moisés fizera, porque até àquele dia os filhos de Israel lhe queimavam incenso e lhe chamavam Neustã* (2Reis 18:4).

Para embasar o conceito da "oração que glorifica a Deus" utilizaremos a oração que Ezequias fez no templo, quando estava cercado pelos assírios e recebeu a carta ameaçadora de Senaqueribe:

> *Tendo Ezequias recebido a carta das mãos dos mensageiros, leu-a; então, subiu à Casa do S*ENHOR*, estendeu-a perante o S*ENHOR *e orou perante o S*ENHOR*, dizendo: Ó S*ENHOR*, Deus de Israel, que estás entronizado acima dos querubins, tu somente és o Deus de todos os reinos da terra; tu fizeste os céus e a terra. Inclina, ó S*ENHOR*, o ouvido e ouve; abre, S*ENHOR*, os teus olhos e vê; ouve todas as palavras de Senaqueribe, as quais ele enviou para afrontar o Deus vivo.*

> *Verdade é, SENHOR, que os reis da Assíria assolaram todas as nações e suas terras e lançaram no fogo os deuses deles, porque deuses não eram, senão obra de mãos de homens, madeira e pedra; por isso, os destruíram.*
>
> *Agora, pois, ó SENHOR, nosso Deus, livra-nos das suas mãos, para que todos os reinos da terra saibam que só tu és o SENHOR Deus* (2Reis 19:14-19).

Destacaremos algumas lições sobre essa oração e o seu contexto de produção.

A oração que glorifica a Deus nasce de situações insolúveis

Toda oração que glorifica a Deus brota de situações ou crises que não têm solução humana. Deus ordena e promete: *invoca-me no dia da angústia; eu te livrarei, e tu me glorificarás* (Salmos 50:15). Orações feitas em "dia de angústia" promovem livramentos extraordinários e a glória de Deus. Há sofrimentos que existem para que a glória do Senhor seja revelada e reconhecida. Certa vez os discípulos viram um homem cego e perguntaram a Jesus: [...] *quem pecou, este ou seus pais, para que nascesse cego? Respondeu Jesus: Nem ele pecou, nem seus pais; mas foi para que se manifestem nele as obras de Deus* (João 9:2,3). O propósito da cegueira daquele rapaz era que uma obra divina pudesse ser realizada nele revelando a glória de Deus. W. Hendriksen comenta: "Todas as coisas, até mesmo as aflições e calamidades têm o propósito final de glorificar a Deus em Cristo por meio da manifestação da sua grandeza".[62]

---

[62] HENDRIKSEN, William. *O evangelho de João*. São Paulo: Cultura Cristã, 2004, p. 416.

Ezequias:
A oração que glorifica
a Deus

Israel foi levado cativo pelos assírios em 722 a.C. Agora, Judá está cercado pelo poderoso exército dos assírios. O rei Ezequias já havia entregado o ouro e a prata que se achavam na Casa do Senhor, numa primeira invasão (2Reis 18:14-16). Humanamente falando, o fim de Judá está próximo. Rabsaqué, um dos três generais, discursa para os três enviados de Judá, engrandecendo o rei Senaqueribe, afrontando o Deus de Israel, desmoralizando o rei Ezequias e pedindo que o povo se rendesse a eles (2Reis 18:13-37).

Por último, o rei da assíria envia uma carta a Ezequias com os seguintes dizeres:

> *Assim falareis a Ezequias, rei de Judá: Não te engane o teu Deus, em quem confias, dizendo: Jerusalém não será entregue nas mãos do rei da Assíria. Já tens ouvido o que fizeram os reis da Assíria a todas as terras, como as destruíram totalmente; e crês tu que te livrarias? Porventura, os deuses das nações livraram os povos que meus pais destruíram, Gozã, Harã e Rezefe e os filhos de Éden, que estavam em Telassar? Onde está o rei de Hamate, e o rei de Arpade, e o rei da cidade de Sefarvaim, de Hena e de Iva?* (2Reis 19:10-13).

Ezequias está sob grande pressão. Ele está encurralado e sem saída. Nessas situações, precisamos distinguir se temos um problema ou estamos em uma situação difícil: "problema é algo sobre o qual você pode fazer alguma coisa. Se você não puder fazer nada, não se trata de um problema; trata-se de uma situação difícil".[63] A sua única alternativa é orar e buscar ajuda sobrenatural. Ele rasga

---

[63] MAXWELL, John C. *Você faz a diferença*. São Paulo: Thomas Nelson, 2006, p. 100.

as suas vestes e se cobre de pano de saco, em contrição e arrependimento. Ele pede ajuda ao profeta Isaías. Ele sobe ao templo para orar. *Tendo Ezequias recebido a carta das mãos dos mensageiros, leu-a; então, subiu à Casa do S*ENHOR*, estendeu-a perante o S*ENHOR *e orou perante o S*ENHOR [...] (2Reis 19:14,15).

Ezequias não se rende ao problema, mas se quebranta diante de Deus em oração. Ele bate nas portas dos céus com determinação, soluços e lágrimas. Ele roga a intervenção divina.

Ezequias aprendera a lição: render-se diante das dificuldades é uma insensatez. Todos nós precisamos aprender isso. Se cedermos diante das dificuldades, elas retornarão, e com força multiplicada. Qualquer rendição à dificuldade, no presente, deixa a pessoa mais vulnerável àquela que se apresentar no futuro. Sejam quais forem as circunstâncias a oração é o elemento essencial à nossa vitória".[64]

O perigo leva-nos a testar a nossa fé pela oração.

A oração que glorifica a Deus tem Deus como seu conteúdo

A oração é dirigida a Deus e deve expressar quem é Deus. *Tendo Ezequias recebido a carta das mãos dos mensageiros, leu-a; então, subiu à Casa do S*ENHOR*, estendeu-a perante o S*ENHOR (2Reis 19:14). Ezequias ora na Casa do Senhor, local simbólico da presença de Deus e Casa de Oração. Ele estende a carta perante o Senhor expressando comoção e dor por tamanho ultraje. John Oswalt comenta: "Ezequias não deseja

---

[64] BRANDT, R. L.; BICKET, Zenas J. *Teologia bíblica da oração*. Rio de Janeiro: CPAD, 2013, p. 119.

simplesmente informar a Deus do documento ofensivo; ele o põe diante de Deus em sua inteireza, como a dizer: com toda a certeza isto não pode ser deixado sem resposta".[65]

Em seguida, Ezequias ora. Vejamos os pontos principais da sua oração:

Ele se dirige ao Deus de Israel

Ezequias começa dizendo: [...] Ó SENHOR, *Deus de Israel* [...] (2Reis 19:15). Deus é Deus de todos os povos, mas, de forma pessoal e exclusiva, ele é o Deus do seu povo escolhido. É o povo que se chama pelo seu nome, herança de Deus, igreja do Deus vivo, habitação de Deus, rebanho de Deus, noiva de Cristo, esposa do Cordeiro e corpo de Cristo. Deus criou o seu povo para a glória dele. *A todos os que são chamados pelo meu nome, e os que criei para minha glória, e que formei, e fiz* (Isaías 43:7).

Deus está *entronizado acima dos querubins* (2Reis 19:15), no Santo dos Santos e no meio do seu povo (1Reis 8:6-7). Deus reina sobre o seu povo e com o seu povo.

Ele reconhece Deus como rei e criador

[...] *tu somente és o Deus de todos os reinos da terra; tu fizeste os céus e a terra* (2Reis 19:15). Ele reina sobre todos os povos e nações. Ele é o Soberano que muda o tempo e as estações, que remove e estabelece reis, e que concede sabedoria e poder. Ele reina por direito de criação e redenção.

---

[65] OSWALT, John N. *Comentário do Antigo Testamento*. Vol. 1. São Paulo: Cultura Cristã, 2011, p. 787.

Deus é o criador do céu e da terra. Quando oramos ao Deus criador, reconhecemos duas coisas: 1) A criação é distinta de Deus, mas dependente dele. Isso significa que Deus é transcendente e imanente. *Do alto de tua morada, regas os montes; a terra farta-se do fruto de tuas obras. Fazes crescer a relva para os animais e as plantas, para o serviço do homem, de sorte que da terra tire o seu pão* (Salmos 104:13,14). 2) A criação existe para revelar e proclamar a glória de Deus. *Os céus proclamam a glória de Deus, e o firmamento anuncia as obras das suas mãos* (Salmos 19:1).

Ele reconhece Deus como único e verdadeiro

Em contraste com os ídolos mortos que não ouviam e não viam, Ezequias diz a Deus: *Inclina, ó Senhor, o ouvido e ouve; abre, Senhor, os teus olhos e vê; ouve todas as palavras de Senaqueribe, as quais ele enviou para afrontar o Deus vivo* (2Reis 19:16). Deus é visto como um ser vivo e ativo (Deuteronômio 5:26). Por isso, Ezequias apela a Deus a respeito da insolência e irreverência de Senaqueribe. Aquela carta era uma afronta gravíssima à pessoa de Deus.

Ele reconhece que outras nações foram destruídas porque os seus deuses não podiam defendê-las

As conquistas do poderoso exército dos assírios eram fatos inegáveis e conhecidos por todos. *Verdade é, Senhor, que os reis da Assíria assolaram todas as nações e suas terras e lançaram no fogo os deuses deles, porque deuses não eram, senão obra de mãos de homens, madeira e pedra; por isso, os destruíram* (2Reis 19:17,18). Mas a verdade sobre os deuses das cidades e terras

Ezequias:
A oração que glorifica
a Deus

conquistadas era que eles foram fabricados pelos homens. Ezequias argumenta baseado na instrução de Isaías, que profetizou acerca da loucura da idolatria:

> Todos os artífices de imagens de escultura são nada, e as suas coisas preferidas são de nenhum préstimo; eles mesmos são testemunhas de que elas nada veem, nem entendem, para que eles sejam confundidos. Quem formaria um deus ou fundiria uma imagem de escultura, que é de nenhum préstimo? (Isaías 44:9,10).

Os falsos ídolos são desprezíveis, e aqueles que os fazem e os adoram são tolos. Os falsos ídolos são impotentes, produzem confusão e vergonha, revelam cegueira espiritual e só servem para ser queimados.

Ele pede o livramento de Israel para que Deus seja glorificado

Agora, pois, ó Senhor, nosso Deus, livra-nos das suas mãos, para que todos os reinos da terra saibam que só tu és o Senhor Deus (2Reis 19:19). Três detalhes importantes: 1) O tempo do livramento: "agora". A situação difícil exigia uma intervenção imediata e urgente de Deus. Não dava mais para esperar, pois o inimigo já estava à porta, pronto para invadir. 2) O autor do livramento: o "Senhor, nosso Deus". Ele usa o pronome possessivo "nosso" para contrastar com "os deuses deles". Ezequias sabia que Deus era capaz e poderoso para responder à sua oração. A vitória sobre os assírios significava que Deus era diferente dos falsos ídolos. 3) O propósito do livramento: "para que todos os reinos da terra saibam que só tu és o Senhor Deus". A glória, o caráter, a natureza e a reputação de Deus são os propósitos do livramento. Matthew Henry comenta:

> Senhor, mostra que tu és diferente, ao mostrar que nós somos diferentes, e faça com que todo o mundo saiba e confesse que tu és o Senhor Deus, o Deus autoexistente e soberano, só tu, e que todos os embusteiros são vaidade e uma mentira.[66]

A oração que glorifica a Deus é respondida com uma grande intervenção divina

O profeta Isaías leva uma resposta confortadora para o rei Ezequias: *Então, Isaías, filho de Amoz, mandou dizer a Ezequias: Assim diz o SENHOR, o Deus de Israel: Quanto ao que me pediste acerca de Senaqueribe, rei da Assíria, eu te ouvi* (2Reis 19:20). Deus respondeu à sua oração, prometendo-lhe duas coisas:

Senaqueribe será punido por causa do seu orgulho e afronta contra Deus e Judá (2Reis 19:21-28)

E esta é a palavra que o SENHOR falou a respeito dele: A virgem, filha de Sião, te despreza e zomba de ti; a filha de Jerusalém meneia a cabeça por detrás de ti (2Reis 19:21). O rei assírio pensava que ele era o terror para Jerusalém, tal como uma virgem é ameaçada por um estuprador. Deus ri juntamente com o seu povo da prepotência de Senaqueribe. Deus é o Pai protetor da sua filha, e ninguém lhe fará mal. Deus assume pessoalmente a afronta, conforme a petição de Ezequias (2Reis 19:16): *A quem afrontaste e de quem blasfemaste? E contra quem alçaste a voz e arrogantemente ergueste os olhos? Contra o Santo de Israel* (2Reis 19:22). Ninguém que provoca o Senhor ficará

---

[66] HENRY, Matthew. *Comentário do Antigo Testamento: Josué a Ester*. Rio de Janeiro: CPAD, 2010, p. 616.

impune. O título "Santo de Israel" aparece 27 vezes no livro de Isaías e mais cinco vezes no Antigo Testamento. Todo pecado é uma afronta à santidade de Deus. O orgulho é o pior dos pecados e a raiz de todos os outros pecados.

Deus revela três verdades que Senaqueribe não sabia porque estava cego pela soberba. 1) Deus é quem planejava e permitia tudo que o rei executava. *Acaso, não ouviste que já há muito dispus eu estas coisas, já desde os dias remotos o tinha planejado? Agora, porém, as faço executar e eu quis que tu reduzisses a montões de ruínas as cidades fortificadas* (2Reis 19:25). 2) Deus conhecia todos as suas ações e emoções: *Mas eu conheço o teu assentar, e o teu sair, e o teu entrar, e o teu furor contra mim* (2Reis 19:27). Deus conhece o nosso interior e exterior. 3) Deus castigaria a arrogância do seu coração. Deus o faria voltar pelo caminho que veio, de forma desmoralizante: *Por causa do teu furor contra mim e porque a tua arrogância subiu até aos meus ouvidos, eis que porei o meu anzol no teu nariz e o meu freio na tua boca e te farei voltar pelo caminho por onde vieste* (2Reis 19:28; Isaías 10:12-19).

Jerusalém será poupada e abençoada (2Reis 19:29-34)

Deus sinaliza para o seu povo com uma promessa: *Isto te será por sinal: este ano, se comerá o que espontaneamente nascer e, no segundo ano, o que daí proceder; no terceiro ano, porém, semeai, e colhei, e plantai vinhas, e comei os seus frutos* (2Reis 19:29). Ele seria liberto e poderia comer naquele ano. A normalidade do plantio e das colheitas seria restaurada em três anos.

Deus também não permitiria a invasão de Jerusalém.

> *Pelo que assim diz o SENHOR acerca do rei da Assíria: Não entrará nesta cidade, nem lançará nela flecha alguma, não virá perante ela com escudo, nem há de levantar tranqueiras contra ela. Pelo caminho por onde vier, por esse voltará; mas, nesta cidade, não entrará, diz o SENHOR* (2Reis 19:32,33).

Porta que Deus abre ninguém fecha, e porta que Deus fecha ninguém abre. Ninguém pode fazer nada contra aquele que está sob a proteção de Deus.

Deus defenderá a cidade por dois motivos: *Porque eu defenderei esta cidade, para a livrar, por amor de mim e por amor de meu servo Davi* (2Reis 19:34).
1) *Por amor de mim* indica que não era por causa do povo. John Piper, baseado nos escritos de Jonathan Edwards, elaborou o conceito chamado de "teocentrismo de Deus". A ideia fundamental é que o principal propósito de Deus é glorificá-lo e desfrutar da sua glória para sempre. "O compromisso máximo de Deus é consigo mesmo, e não conosco. E nisso se ampara nossa segurança. Deus ama a sua glória acima de todas as coisas".[67] O profeta Isaías registra:

> *Por amor do meu nome, retardarei a minha ira e por causa da minha honra me conterei para contigo, para que te não venha a exterminar. Eis que te acrisolei, mas disso não resultou prata; provei-te na fornalha da aflição. Por amor de mim, por amor de mim, é que faço isto; porque como seria profanado o meu nome? A minha glória, não a dou a outrem* (Isaías 48:9-11).

---

[67] PIPER, John. *Irmãos, nós não somos profissionais*. São Paulo: Shedd Publicações, 2009, p:19-23.

Por amor do seu nome, ele nos liberta (Ezequiel 20:14; 36:22-23; Efésios 1:6,12, 14). 2) *Por amor de meu servo Davi* indica que Deus é fiel à aliança que fez com Davi (2Samuel 7). Não por causa dos méritos de Davi, mas por causa da promessa e da aliança que Deus fez com ele. Deus é fiel, e ele não pode mentir (Tito 1:2). Davi estabeleceu-se como rei em Jerusalém, transformando-a em capital do reino de Judá.

Deus faz o que prometeu

Depois de comunicar a resposta da oração de Ezequias, Deus vai executar o que respondeu. A execução acompanha a comunicação da resposta. Duas execuções: 1) Deus destrói o exército da Assíria. *Então, naquela mesma noite, saiu o Anjo do Senhor e feriu, no arraial dos assírios, cento e oitenta e cinco mil; e, quando se levantaram os restantes pela manhã, eis que todos estes eram cadáveres* (2Reis 19:35). Quando? Naquela mesma noite. Quem? O Anjo do Senhor. O quê? Feriu os soldados e os matou. Onde? No arraial dos assírios. Quantos? Cento e oitenta e cinco mil. Jerusalém foi liberta por uma intervenção miraculosa de Deus. 2) Deus mata Senaqueribe. Depois de contemplar a morte dos seus homens, o rei desiste de invadir Jerusalém e volta para Nínive: *Sucedeu que, estando ele a adorar na casa de Nisroque, seu deus, Adrameleque e Sarezer, seus filhos, o feriram à espada; e fugiram para a terra de Ararate; e Esar-Hadom, seu filho, reinou em seu lugar* (2Reis 19:37). Deus cumpriu a sua palavra, promoveu a sua glória, e o povo foi beneficiado. John Piper diz: "Deus ama sua glória mais do que a nós e este é o fundamento de seu amor por nós".[68]

O apóstolo Paulo nos ordena: *Portanto, quer comais, quer bebais ou façais outra coisa qualquer, fazei tudo para a glória de Deus* (1Coríntios 10:31). Isso inclui a oração. Devemos orar para a glória de Deus. A coisa é bem simples: eu preciso, eu oro, Deus responde, sou beneficiado, e a glória é dele. Ele é o Benfeitor glorificado, e quem ora é o beneficiário feliz.

Caso você esteja passando por uma situação difícil e não sabe o que fazer, comece a orar. Peça que Deus reivindique e promova a sua glória solucionando essa situação. Quando Deus é glorificado numa resposta de oração, somos beneficiados com a alegria: *Até agora nada tendes pedido em meu nome; pedi e recebereis, para que a vossa alegria seja completa* (João 16:24).

---

[68] Ibid., p. 19.

Capítulo 13

A oração sacerdotal
de Jesus Cristo

Arival Dias Casimiro

A oração é nossa resposta ao interesse de Deus por nós e ao seu amor. Orar é tornar-se consciente de que o Espírito de Deus vive em nós. Por meio da oração, pois, exploramos um relacionamento mais profundo e mais íntimo com Deus (James Houston).

Se eu pudesse ouvir Cristo orando por mim na sala ao lado, eu não teria medo de um milhão de inimigos. No entanto, a distância não faz diferença. Ele está orando por mim. (Robert Murray McCheyne)

Ao aprendermos a orar, descobrimos que orar é amar. É um ato de ternura de filho para Pai. Robert L. Brandt e Zenas J. Bicket dizem:

Antes de qualquer outra coisa, a oração é uma questão de amor. Não se trata de encontrar os métodos, as técnicas ou os procedimentos certos para persuadir Deus a fazer aquilo que desejamos. A mais elevada forma de oração é a relação de amor entre dois corações (o do crente e o de Deus), que batem com se fossem um. Andar com Deus na mais doce comunhão da oração é uma relação.[69]

A Oração Sacerdotal é a mais bela declaração de amor de Jesus pelo seu povo. J. T. Manton diz: "Esta oração é um monumento permanente de afeto de Cristo pela sua igreja". Trata-se da oração mais magnífica feita aqui na terra e registrada na Bíblia. Ela é curta, cerca de 650 palavras, e pode ser lida, pausadamente, em seis minutos. Ela é profunda, e há mais de dois mil anos abençoa o povo de Deus. Ela é eterna porque é a Palavra de Deus, e só será compreendida perfeitamente na eternidade. O título "Oração Sacerdotal do Senhor" foi dado pela primeira vez pelo teólogo luterano David Chytraeus (1530-1600).[70]

A Oração Sacerdotal de Cristo é o *sanctum sanctorum* da Bíblia. Chegou a hora do sacrifício, o dia da ex- piação. Jesus contempla a cruz e vai em sua direção. Tal como o sumo sacerdote no Antigo Testamento, ele vai entrar no Santo dos Santos, para oferecer o sacrifício único, eficaz e definitivo pelo pecado das suas ovelhas. Ele é o sacerdote e o cordeiro, o ofertante e a oferta. Ele vencerá o mundo, o diabo, o pecado e a morte. Ele vai rasgar o véu do santuário e transformar os seus filhos em sacerdotes do rei.

Tendo Jesus falado estas coisas. Os capítulos 13 a 16 do evangelho de João são as palavras que Jesus

---

[69] BRANDT, R. L.; BICKET, Zenas J. *Teologia bíblica da oração.* Rio de Janeiro: CPAD, 2013, p. 353.

[70] BRUCE, F. F. *João: introdução e comentário.* São Paulo: Vida Nova, 2007, p. 279.

A oração sacerdotal
de Jesus Cristo

falou a seus discípulos na noite em que foi traído. Ele termina o seu discurso aos discípulos com uma oração no capítulo 17. No discurso, Jesus exerce o papel de profeta, revelando a vontade de Deus aos homens. Na oração, ele assume o papel de sacerdote, levando as necessidades dos homens à presença de Deus. Eis a sua oração:

> *Tendo Jesus falado estas coisas, levantou os olhos ao céu e disse: Pai, é chegada a hora; glorifica a teu Filho, para que o Filho te glorifique a ti, assim como lhe conferiste autoridade sobre toda a carne, a fim de que ele conceda a vida eterna a todos os que lhe deste. E a vida eterna é esta: que te conheçam a ti, o único Deus verdadeiro, e a Jesus Cristo, a quem enviaste. Eu te glorifiquei na terra, consumando a obra que me confiaste para fazer; e, agora, glorifica-me, ó Pai, contigo mesmo, com a glória que eu tive junto de ti, antes que houvesse mundo.*
>
> *Manifestei o teu nome aos homens que me deste do mundo. Eram teus, tu mos confiaste, e eles têm guardado a tua palavra. Agora, eles reconhecem que todas as coisas que me tens dado provêm de ti; porque eu lhes tenho transmitido as palavras que me deste, e eles as receberam, e verdadeiramente conheceram que saí de ti, e creram que tu me enviaste. É por eles que eu rogo; não rogo pelo mundo, mas por aqueles que me deste, porque são teus; ora, todas as minhas coisas são tuas, e as tuas coisas são minhas; e, neles, eu sou glorificado.*
>
> *Já não estou no mundo, mas eles continuam no mundo, ao passo que eu vou para junto de ti. Pai santo, guarda-os em teu nome, que me deste, para que eles sejam um, assim como nós. Quando eu estava com eles, guardava-os no teu nome, que me deste, e protegi-os, e nenhum deles se perdeu, exceto o filho da perdição, para que se cumprisse a Escritura. Mas, agora, vou para junto de ti e isto*

falo no mundo para que eles tenham o meu gozo completo em si mesmos. Eu lhes tenho dado a tua palavra, e o mundo os odiou, porque eles não são do mundo, como também eu não sou. Não peço que os tires do mundo, e sim que os guardes do mal. Eles não são do mundo, como também eu não sou. Santifica-os na verdade; a tua palavra é a verdade. Assim como tu me enviaste ao mundo, também eu os enviei ao mundo. E a favor deles eu me santifico a mim mesmo, para que eles também sejam santificados na verdade.

Não rogo somente por estes, mas também por aqueles que vierem a crer em mim, por intermédio da sua palavra; a fim de que todos sejam um; e como és tu, ó Pai, em mim e eu em ti, também sejam eles em nós; para que o mundo creia que tu me enviaste. Eu lhes tenho transmitido a glória que me tens dado, para que sejam um, como nós o somos; eu neles, e tu em mim, a fim de que sejam aperfeiçoados na unidade, para que o mundo conheça que tu me enviaste e os amaste, como também amaste a mim.

Pai, a minha vontade é que onde eu estou, estejam também comigo os que me deste, para que vejam a minha glória que me conferiste, porque me amaste antes da fundação do mundo. Pai justo, o mundo não te conheceu; eu, porém, te conheci, e também estes compreenderam que tu me enviaste. Eu lhes fiz conhecer o teu nome e ainda o farei conhecer, a fim de que o amor com que me amaste esteja neles, e eu neles esteja (João 17:1-26).

Warren W. Wiersbe comenta que nessa oração Jesus declara quatro privilégios maravilhosos que temos como filhos de Deus, os quais nos tornam vencedores: 1) Compartilhamos a sua vida (João 17:1-5). 2) Conhecemos o seu nome (João 17:6-12). 3) Temos a sua Palavra (João 17:13-19). 4)

Compartilhamos de sua obra (João 17:20-26).[71] William Hendriksen diz: "A oração é uma unidade. Seu tema, do começo ao fim, é a missão de Jesus Cristo e seus seguidores na terra, até a glória de Deus".[72]

A Oração Sacerdotal de Jesus é uma unidade que se divide em três partes: Primeiro, Jesus ora por si mesmo e diz ao Pai que concluiu a sua obra aqui na terra (João 17:1-5). Segundo, Jesus ora por seus discípulos, pedindo ao Pai que os guarde e os santifique (João 17:6-19). Terceiro, Jesus ora pela sua igreja toda, pedindo unidade (João 17:20-26). Analisemo-la, segundo esta divisão.

Jesus ora por si mesmo

> *Tendo Jesus falado estas coisas, levantou os olhos ao céu e disse: Pai, é chegada a hora; glorifica a teu Filho, para que o Filho te glorifique a ti, assim como lhe conferiste autoridade sobre toda a carne, a fim de que ele conceda a vida eterna a todos os que lhe deste. E a vida eterna é esta: que te conheçam a ti, o único Deus verdadeiro, e a Jesus Cristo, a quem enviaste. Eu te glorifiquei na terra, consumando a obra que me confiaste para fazer; e, agora, glorifica-me, ó Pai, contigo mesmo, com a glória que eu tive junto de ti, antes que houvesse mundo* (João 17:1-5).

Há seis detalhes importantes neste trecho, quando Jesus ora por si mesmo.

---

[71] WIERSBE, Warren W. *Comentário bíblico expositivo: Novo Testamento*. Vol. I. Santo André: Geográfica, 2006, p. 474-480.

[72] HENDRIKSEN, William. *O evangelho de João*. São Paulo: Cultura Cristã, 2004, p. 752.

Primeiro, quem ora?
Jesus

A oração vem logo após a celebração do sacramento da ceia e dos sermões (João 13–16). Da pregação, ele desce para a oração. O Filho se dirige ao Pai, como único Mediador, da nova aliança: *Porquanto há um só Deus e um só mediador entre Deus e os homens, Cristo Jesus, homem* (1Timóteo 2:5). A palavra "mediador" (*mesites*) significa "intermediário", "reconciliador" e "intercessor" entre duas partes. Jesus é o nosso Mediador com Deus (Hebreus 8:6; 9:15; 12:24). Ninguém pode chegar até Deus, da terra para o céu, senão por intermédio de Jesus. E nenhuma bênção pode ser recebida do céu, na terra, senão por meio Jesus (1Coríntios 6:11; João 14:13,14; Efésios 1:3).

Jesus é também o nosso sumo sacerdote. O *Breve catecismo de Westminster* diz:

> Cristo exerce as funções de sacerdote, oferecendo-se a si mesmo uma vez em sacrifício, para satisfazer a justiça divina, reconciliar-nos com Deus e fazendo contínua intercessão por nós.

Ele é o sumo sacerdote perfeito. Há três aspectos do ministério sacerdotal de Jesus: 1) Ele ofereceu um sacrifício perfeito pelos nossos pecados (Hebreus 4:14; 9:24-28). 2) Ele é o nosso acesso contínuo e definitivo à presença de Deus (Hebreus 10:19-22). 3) Ele ora continuamente por nós (Hebreus 7:25). Ele é o nosso eterno intercessor.

Nesse ministério sacerdotal, além de interceder por nós, Jesus também conserta e purifica as nossas orações, tornando-as aceitáveis diante de Deus.

Segundo, como ele ora?
Erguendo os olhos ao céu

O gesto de Jesus expressa a atitude do seu coração. É levantar a sua alma para Deus (Salmos 25:1). É dirigir-se reverentemente ao trono de Deus (Salmos 103:19), local de onde todas as decisões que acontecem no universo são tomadas. É um ato de total confiança em Deus: *A ti, que habitas nos céus, elevo os meus olhos!* (Salmos 123:1).

Um detalhe que precisa ser acrescentado: *Tendo Jesus falado estas coisas, levantou os olhos ao céu e disse*[...] (João 17:1). A palavra "disse" indica que ele orou de maneira audível. Jesus orava muito sozinho, e o conteúdo de suas orações não foi registrado. Mas, quando ele orou por nós, ele o fez publicamente e em alta voz. O seu objetivo foi confortar e instruir a sua igreja.

Terceiro, a quem ele ora?
Ao Pai

Jesus chama Deus de Pai, como Filho unigênito, que é igual e coeterno com o Pai (Mateus 11:27; João 1:14,18; 1Pedro 1:3). Ele ora ao Pai, com carinho, respeito e confiança. Ele estabelece o modelo para todos os cristãos, que deverão sempre orar a Deus Pai (Mateus 6:6,9), colocando-se na posição de filho (Romanos 8:15,23; Gálatas 4:5).

Quarto, quando ele ora?
Na hora determinada de sua morte

A vida de Jesus obedeceu a uma agenda divina ou a um cronograma determinado pela Trindade. João sempre destacou que os dias de Jesus estavam contados e determinados (João 2:4; 7:30; Salmos 31:15). Naquele momento da oração, a sua paixão ainda não tinha sido cumprida historicamente. Mas ele pede a antecipação da sua glória.

Quinto, pelo que ele ora?
Pela sua glorificação

Jesus pede a sua glorificação pelo Pai para que também ele glorifique o Pai. Jesus glorificou o Pai em seus milagres (João 2:11; 11:40) e por meio dos seus sofrimentos e da morte na cruz (João 12:23-25; 13:31,32). Jesus glorifica o Pai sendo obediente a ele até a morte. A cruz revela a glória de Deus de forma plena. Na cruz, contemplamos todos os atributos divinos: sua soberania, onipotência, justiça, amor, bondade e misericórdia.

Jesus pede que o Pai lhe restitua a glória que ele possuía antes da encarnação. *E, agora, glorifica-me, ó Pai, contigo mesmo, com a glória que eu tive junto de ti, antes que houvesse mundo* (João 17:5). O verbo "glorificar" (*doxazo*) significa "louvar", "honrar", "magnificar" ou "vestir de esplendor". Jesus pede que a glória que ele possuía antes da sua encarnação lhe seja restituída (Filipenses 2:5-8). E Deus atendeu ao pedido do seu filho: *Pelo que também Deus o exaltou sobremaneira e lhe deu o nome que está acima de todo nome, para que ao nome de Jesus se dobre todo joelho, nos céus, na terra e debaixo da terra, e toda língua confesse que Jesus Cristo é Senhor, para glória de Deus Pai* (Filipenses 2:9-11).

Sexto, por que ele ora?
Ele ora porque estava concluindo a sua obra

Jesus veio a este mundo para morrer. A sua morte não foi resultado de uma intriga política, mas uma oferta espontânea pelo pecado: *Ninguém a tira de mim; pelo contrário, eu espontaneamente a dou. Tenho autoridade para a entregar e também para reavê-la. Este mandato recebi de meu Pai* (João 10:18). Na cruz, Jesus consumou a obra que o Pai lhe dera para fazer. William Barclay comenta que para Jesus a vida tinha um ponto culminante, e esse foi a cruz. Para Jesus, a cruz também foi o caminho de regresso. Ele veio de Deus e regressou a Deus. Jesus foi como um cavaleiro que abandonou a corte real para levar a cabo uma façanha perigosa e tremenda. E, uma vez cumprida, volta à corte triunfante para desfrutar da glória do vencedor.[73]

Jesus ora pelos seus discípulos

Jesus, após orar por si mesmo, intercede pelos seus discípulos. Ele faz uma espécie de balanço ou retrospectiva do seu ministério com os discípulos:

PRIMEIRO, ELE REVELOU O PAI A ELES

Manifestei o teu nome aos homens que me deste do mundo. Eram teus, tu mos confiaste, e eles têm guardado a tua palavra. Agora, eles reconhecem que todas as coisas que me tens dado provêm de ti (João 17:6,7).

---

[73] BARCLAY, William. *Juan II*. Buenos Aires: Ediciones La Aurora, 2004, p. 229.

Há três dados importantes aqui:

1) Somente Jesus pode revelar Deus. O verbo "manifestar" significa "revelar a glória do Pai". Ninguém pode conhecer o Pai se o Filho não o revelar (Mateus 11:27). Esse conhecimento de Deus por meio do Filho é a vida eterna.
2) A revelação de Deus por meio de Jesus é exclusiva para os eleitos de Deus. O Pai escolheu os homens e os deu ao Filho. Por sete vezes Jesus afirma que os cristãos são dádivas do Pai para o Filho (João 17:2,6,9,11,12,24).
3) Todos os que foram eleitos e confiados a Jesus Cristo recebem e guardam a palavra de Deus. Guardar a palavra significa receber a salvação ou a vida eterna (João 8:51).

Segundo, ele transmitiu ou entregou a Palavra de Deus a eles

> *porque eu lhes tenho transmitido as palavras que me deste, e eles as receberam, e verdadeiramente conheceram que saí de ti, e creram que tu me enviaste.* [...] *Eu lhes tenho dado a tua palavra, e o mundo os odiou, porque eles não são do mundo, como também eu não sou* (João 17:8,14).

Os discípulos receberam e creram no ensino de Jesus, reconhecendo-o como o Messias enviado por Deus (João 7:17). Ao reconhecer que o ensino de Jesus vinha de Deus, eles ao mesmo tempo reconheceram que Jesus era o enviado do Pai. Também, a fé que os levou a aceitar, identificou os discípulos com Jesus, levando-os a ser odiados pelo mundo (João 15:18-20).

Terceiro, ele orou intercedendo ao Pai por eles

É por eles que eu rogo; não rogo pelo mundo, mas por aqueles que me deste, porque são teus; ora, todas as minhas coisas são tuas, e as tuas coisas são minhas; e, neles, eu sou glorificado (João 17:9,10). Jesus morreu na cruz para garantir a salvação dos eleitos por Deus, ou seja, àqueles que lhe foram dados (João 6:37,39,44). Jesus, o bom pastor, morreu para salvar as suas ovelhas (João 10:14,15,26-30). Por isso, a sua intercessão também é somente por suas ovelhas: *É por eles que eu rogo [...] por aqueles que me deste, porque são teus* (João 17:9).

Quais são os pedidos que Jesus faz pelos seus discípulos? Ele pede ao Pai que cuide deles em sua ausência: 1) Ele pede que o Pai os una (João 19:11). 2) Ele pede ao Pai que lhes dê a paz (João 17:13). 3) Ele pede ao Pai que os proteja do mal (João 17:15,16). 4) Ele pede ao Pai que os santifique (João 17:17).

Quarto, ele os protege, com exceção de Judas

Quando eu estava com eles, guardava-os no teu nome, que me deste, e protegi-os, e nenhum deles se perdeu, exceto o filho da perdição, para que se cumprisse a Escritura (João 17:12). Durante o seu ministério, Jesus protegeu os seus discípulos. E a principal proteção dada por Jesus foi contra a apostasia espiritual (Lucas 22:32). Somente Jesus é poderoso para nos guardar de tropeços (Judas 24). Somente Judas, chamado de "filho da perdição" ou "designado à perdição", é que se perdeu, para cumprimento da Escritura (João 6:70,71; 13:2,18,26,30). Quem é de

Jesus jamais se perderá. Se cair, não ficará prostrado. Caso se desvie, o pastor o trará de volta.

Quinto, ele se santifica em benefício deles

E a favor deles eu me santifico a mim mesmo, para que eles também sejam santificados na verdade (João 17:19). Jesus foi *santificado*, isto é, "separado ou colocado à parte", por Deus, para realizar a obra da cruz, base e garantia da santificação dos seus discípulos (João 4:34; 6:38). A santificação de Cristo refere-se ao seu auto-oferecimento, tal como o Cordeiro de Deus que tira o pecado do mundo (João 1:29). Os discípulos são santificados por causa de Jesus, por meio da palavra de Cristo (revelação pessoal e escrita), que é a verdade.

Sexto, ele os envia ao mundo

Assim como tu me enviaste ao mundo, também eu os enviei ao mundo (João 17:18). Jesus foi enviado por Deus para dizer o que disse e fazer o que fez. Da mesma maneira, os discípulos foram enviados para pregar a mesma doutrina que Jesus ensinou (João 20:21). Sabemos que nenhum discípulo pode amar e se sacrificar pela igreja como Cristo fez. Mas fomos enviados ao mundo para pregar a mensagem do evangelho a toda criatura (Mateus 28:18-20; Atos 1:8).

Jesus ora por sua igreja

A terceira parte da oração de Jesus é uma intercessão por toda a igreja. *Não rogo somente por estes, mas também por aqueles que vierem a crer em mim, por intermédio da sua palavra* (João 17:20). Ele pede por aquelas ovelhas que ainda serão conduzidas pelo pastor ao aprisco. Jesus não ora pela igreja institucionalizada. Ele não roga ao pai pelas denominações cristãs, mas pelas pessoas que receberão a fé salvadora. Ele ora ao Pai pedindo duas coisas:

Primeiro, pede que o Pai una a igreja

A fim de que todos sejam um; e como és tu, ó Pai, em mim e eu em ti, também sejam eles em nós; para que o mundo creia que tu me enviaste. (João 17:21). Três detalhes: 1) O pedido de unidade: *A fim de que todos sejam um.* A igreja é a unidade na diversidade. 2) O referencial de unidade: *como és tu, ó Pai, em mim e eu em ti, também sejam eles em nós.* A unidade da Trindade é o referencial de unidade que deve existir na igreja, entre os irmãos. 3) O objetivo da unidade: *para que o mundo creia que tu me enviaste.* A unidade da igreja é uma mensagem de evangelização que impacta o mundo fragmentado e esfacelado pelo pecado. 4) A capacidade para a unidade: *Eu lhes tenho transmitido a glória que me tens dado, para que sejam um, como nós o somos* (João 17:22). Cada crente recebeu a glória da iluminação do conhecimento de Deus, no ato da sua conversão (2Coríntios 4:6). Cada crente foi capacitado para viver em unidade com Deus e uns com os outros.

Segundo, ele pede que a igreja participe da sua glória futura

A igreja reunida e batizada no Espírito Santo já desfruta da glória espiritual. O que Jesus pede é sobre a glória futura: *Pai, a minha vontade é que onde eu estou, estejam também comigo os que me deste, para que vejam a minha glória que me conferiste, porque me amaste antes da fundação do mundo* (João 17:24). Um dia, no céu, os crentes verão e participarão da glória de Jesus (Filipenses 3:20,21; 1João 3:1,2).

Terceiro, ele pede que a igreja conheça e desfrute do amor de Deus

Jesus encerra a oração dizendo: *Pai justo, o mundo não te conheceu; eu, porém, te conheci, e também estes compreenderam que tu me enviaste. Eu lhes fiz conhecer o teu nome e ainda o farei conhecer, a fim de que o amor com que me amaste esteja neles, e eu neles esteja* (João 17:25,26). A igreja deve crescer no conhecimento e na comunhão com Deus. O mundo não conheceu a Deus; a igreja o conheceu e continuará crescendo nesse conhecimento, por meio de Jesus, a fim de que ela possa experimentar e viver o amor de Deus. Esse também foi o pedido da oração de Paulo pela igreja (Efésios 3:14-21).

A Oração Sacerdotal é a maior prova do amor de Jesus pelo seu povo. Mas como isso pode ser percebido? Primeiro, a oração de Jesus revela que há uma ligação entre a sua expiação com a sua intercessão. O povo que ele amou e por quem morreu é o povo pelo qual ele intercede com amor eterno. *Quem os condenará? É Cristo Jesus quem morreu ou, antes, quem ressuscitou, o qual está à direita de Deus e também intercede por nós* (Romanos 8:34). O amor da redenção continua na intercessão.

Segundo, a oração de Jesus revela que ele amou o seu povo antes que este cresse nele. Ele orou pelos seus eleitos antes de tê-los chamado. *Por isso, eu lhe darei muitos como a sua parte, e com os poderosos repartirá ele o despojo, porquanto derramou a sua alma na morte; foi contado com os transgressores; contudo, levou sobre si o pecado de muitos e pelos transgressores intercedeu* (Isaías 53:12).

Terceiro, a oração de Jesus estabelece o princípio espiritual de que devemos orar uns pelos outros. *Confessai, pois, os vossos pecados uns aos outros e orai uns pelos outros, para serdes curados. Muito pode, por sua eficácia, a súplica do justo* (Tiago 5:16).

Sua opinião é importante para nós.
Por gentileza, envie-nos seus comentários pelo e-mail:

editorial@hagnos.com.br